Ikigai esencial

Ikigai esencial

Ken Mogi

**Traducción de
Paula Vicens**

VERGARA

Papel certificado por el Forest Stewardship Council®

Título original: *The Little Book of Ikigai. The Essential Japanese Way to Finding Your Purpose in Life*

Primera edición: marzo de 2018

© 2017, Ken Mogi
© 2018, Penguin Random House Grupo Editorial, S. A. U.
Travessera de Gràcia, 47-49. 08021 Barcelona
© 2018, Paula Vicens, por la traducción

Printed in Spain – Impreso en España

ISBN: 978-84-16076-19-2
Depósito legal: B-279-2018

Compuesto en Infillibres S. L.

Impreso en Cayfosa
Barcelona

VE 7 6 1 9 2

Penguin
Random House
Grupo Editorial

ÍNDICE

Los Cinco Pilares del ikigai

En este libro me refiero a los Cinco Pilares del ikigai, que son:

Pilar 1: Empezar con humildad

Pilar 2: Renunciar al ego

Pilar 3: Armonía y sostenibilidad

Pilar 4: El placer de los detalles

Pilar 5: Ser consciente del momento presente, del aquí y el ahora

Menciono a menudo estos pilares porque cada uno de ellos aporta un punto de apoyo (son los verdaderos cimientos) para que florezca el ikigai. No se excluyen mutuamente ni son exhaustivos; tampoco van en determinado orden ni se establece entre ellos una jerarquía. Sin embargo, son esenciales para entender el ikigai y servirán de guía mientras asimiláis lo que leeréis en estas páginas y reflexionáis acerca de vuestra propia vida. Cada vez les hallaréis un significado nuevo y más profundo.

Espero que disfrutéis de este viaje de exploración.

生き甲斐

CAPÍTULO I

¿Qué es el ikigai?

Cuando el presidente Barack Obama realizó su visita oficial a Japón durante la primavera de 2014, los funcionarios del Gobierno japonés eligieron el lugar para la recepción que le ofrecería el primer ministro. El evento privado, previo a la visita de Estado que empezaría oficialmente al día siguiente, incluía una cena en el Palacio Imperial presidida por el emperador y la emperatriz.

Imaginemos lo delicada que fue la elección del restaurante. Cuando finalmente se anunció que sería el Sukiyabashi Jiro, posiblemente uno de los restaurantes de sushi más famosos y respetados del mundo, la decisión contó con la aprobación general. De hecho, se notó lo mucho que el presidente Obama disfrutó de la experiencia de cenar allí por lo sonriente que salió. Según consta, Obama dijo que era el mejor sushi que había probado. Fue un gran elogio, viniendo de alguien criado en Hawái y sometido a una fuerte influencia japonesa, sushi incluido, y para quien aquella no era desde luego la primera experiencia de alta cocina.

El orgulloso responsable del Sukiyabashi Jiro es Jiro Ono, a sus noventa y un años uno de los *chefs* con tres estrellas Michelin de más edad. El Sukiyabashi Jiro ya era famoso entre los entendidos japoneses antes de que saliera la primera *Guía Michelin* de Tokio, en 2012, pero su publicación puso el restaurante definitivamente en el mapamundi *gourmet*.

Aunque el sushi de Ono está envuelto en un aura casi mística, su cocina se basa en técnicas prácticas e ingeniosas. Por ejemplo, ha desarrollado un método especial para servir huevas de salmón (*ikura*) frescas todo el año. Esto desafía la sabia tradición profesional respetada en los mejores restaurantes de sushi: solo servir *ikura* en otoño, la mejor estación, cuando el salmón remonta los ríos para desovar.

También ha creado un particular método para ahumar ciertos pescados quemando tallos secos de arroz a fin de darles un sabor especial.

Hay que calcular con precisión el momento de servir los platos de sushi a los clientes exigentes, así como la temperatura del pescado, para que su sabor sea óptimo. (Se entiende que el cliente se lo llevará a la boca sin dilación.) De hecho, cenar en el Sukiyabashi Jiro es como disfrutar de un exquisito ballet, coreografiado detrás del mostrador por un maestro respetado y solemne de apariencia austera (aunque su rostro, si uno es afortunado, se ilumina con una sonrisa de vez en cuando).

Tengamos por seguro que el increíble éxito de Ono se debe a su talento excepcional, a su determinación y a su firme perseverancia durante años de duro trabajo, así como a su búsqueda incansable de métodos culinarios y presentaciones de altísima calidad. Ono ha conseguido ambas cosas.

Sin embargo, además de eso o tal vez incluso por encima, Ono tiene ikigai. No es exagerado decir que debe su fabuloso éxito tanto en el ámbito profesional como en el personal al refinamiento de este sistema de valores tan propio de su país.

Ikigai es un término japonés para referirse a los placeres y el sentido de la vida. La palabra se compone de *iki* (vivir) y *gai* (razón).

En japonés, ikigai se usa en varios contextos y es aplicable tanto a los detalles de la vida cotidiana como a los grandes objetivos y logros. Es un término tan común que la gente lo utiliza habitualmente bastante a la ligera, sin ser consciente de su especial significado. Lo más importante es que, para tener ikigai, no es necesario el éxito profesional. En este aspecto es un concepto muy democrático, celebra la diversidad de la vida. Cierto que tener ikigai puede conducir al éxito, pero este no es una condición indispensable para aquel. El ikigai está al alcance de todos.

Para el dueño de un exitoso restaurante de sushi como Jiro Ono, un elogio del presidente de Estados Unidos es una fuente de ikigai. Su reconocimiento como el *chef* con tres estrellas Michelin más anciano del mundo seguro que ha fortalecido su ikigai. Sin embargo, este no se agota en obtener el reconocimiento y la aclamación de todos. Ono es capaz de encontrar ikigai simplemente sirviendo el mejor atún a un cliente sonriente o notando el aire fresco por la mañana temprano, cuando se levanta y se prepara para ir al mercado de pescado de Tsukiji. Es incluso capaz de encontrar ikigai en la taza de café que toma antes de empezar la jornada o en un rayo de sol que se cuela entre las hojas de un árbol mientras va andando hasta su restaurante del centro de Tokio.

En una ocasión, Ono dijo que desea morir preparando sushi. Evidentemente, su preparación le aporta un profundo sentido de ikigai, a pesar de que requiere muchos pequeños pasos intrínsecamente monótonos y que consumen bastante tiempo. Por ejemplo, para que la carne de pulpo sea blanda y sabrosa, tiene que «masajear» una hora el cefalópodo. La preparación del *kohada*, un pescadito considerado el rey del sushi, también requiere mucha atención, porque hay que quitarle las escamas y las tripas, además de conservarlo en un marinado perfectamente equilibrado en sal y vinagre. «Tal vez mi última elaboración de sushi sea de *kohada*», ha dicho.

El reino del ikigai está en los detalles. El aire matutino, la taza de café, el rayo de sol, el masaje al pulpo y la felicitación del presidente estadounidense se encuentran en un plano de igualdad. Solo quienes saben reconocer la riqueza de todo su espectro lo aprecian y disfrutan verdaderamente.

Esta es una importante lección de ikigai. En un mundo donde nuestro valor como personas y el concepto que tenemos de nuestra propia valía viene determinado básicamente por el éxito, mucha gente se encuentra innecesariamente sometida a presión. Tal vez nos parezca que nuestro sistema de valores, sea cual sea, solo es válido y está justificado si se traduce en logros concretos: por ejemplo, un ascenso o una inversión lucrativa.

Bueno, ¡tranquilos! No hace falta ponerse a prueba así para tener ikigai, una razón por la que vivir. No digo que vaya a ser fácil. A veces tengo que recordarme esta verdad, aunque nací y me crie en un país donde el ikigai es un conocimiento más o menos asumido.

En una *TED talk* titulada «Cómo vivir más de cien años», el escritor estadounidense Dan Buettner trató el ikigai como un sistema de valores para la buena salud y la longevidad. En el momento de escribir estas líneas, la charla de Buettner ha sido vista más de tres millones de veces. Buettner explica los estilos de vida de cinco lugares del mundo, cuya población es más longeva. Cada «zona azul», como las llama Buettner, tiene una cultura propia y tradiciones que contribuyen a la longevidad. Son las siguientes: Okinawa (Japón), Cerdeña (Italia), Nicoya (Costa Rica), Icaria (Grecia) y la comunidad de Adventistas del Séptimo Día de Loma Linda (California). De todas ellas, la de Okinawa es la de mayor esperanza de vida.

Okinawa es una cadena de islas de la zona más meridional del archipiélago japonés. Allí se jactan de tener un montón de centenarios. Para explicar en qué consiste el ikigai, Buettner cita a sus habitantes: un maestro karateka de ciento dos años le dijo que su ikigai era su amor por las artes marciales; un pescador centenario le explicó que el suyo consistía en seguir pescando para su familia tres veces por semana; una mujer de ciento dos años respondió que el suyo era abrazar a su trastataranieta (comentó que era como saltar al cielo). En conjunto, estas sencillas opciones de estilo de vida dan pistas sobre lo que constituye la esencia misma del ikigai: sentido de comunidad, dieta equilibrada y conciencia de la espiritualidad.

Aunque quizá sea más evidente en Okinawa, toda la población japonesa comparte estos principios. No en vano la tasa de longevidad en Japón es extremadamente alta, en todo el país. Según una encuesta del Ministerio de Salud, Trabajo y Bienestar de 2016, en comparación con otros países y regiones del mundo la longevidad de los hombres japoneses ocupa el cuarto lugar (con una esperanza media de vida de 80,79 años) después de Hong Kong, Islandia y Suiza. La de las mujeres japonesas ocupa la segunda posición mundial (con una esperanza media de vida de 87,05 años) después de Hong Kong y seguida por España.

Es fascinante ver hasta qué punto el ikigai es connatural a muchos japoneses. Un estudio fundamental sobre los beneficios para la salud del ikigai llevado a cabo por investigadores de la facultad de Medicina de la Universidad de Tohoku,* en el norte de Japón, con un gran número de sujetos, permitió a los investigadores establecer correlaciones estadísticamente significativas entre el ikigai y dichos beneficios.

En este estudio se analizaron datos de otro, el estudio de cohorte del Seguro Nacional de Salud de Ōsaki, llevado a cabo durante siete años. Se distribuyó un cuestiona-

---

* T. Sone *et al.*, «Sense of life worth living (ikigai) and mortality in Japan: Ohsaki Study», *Psychosomatic Medicine*, 70 (6), julio de 2008.

rio a 54.996 beneficiarios del Centro de Salud Pública de Ōsaki (que da cobertura sanitaria a los residentes de catorce municipios) de edades comprendidas entre los cuarenta y los setenta y nueve años.

La encuesta consistía en un cuestionario de 93 ítems en el que se preguntó a los sujetos acerca de su historial médico y su historia familiar, estado de salud, hábitos de consumo de alcohol y tabaco, trabajo, estado civil, educación y otros factores relacionados con la salud, incluido el ikigai. La pregunta crucial relacionada con este último era muy directa: «¿Hay ikigai en su vida?» Se pidió a los sujetos que eligieran una de estas tres respuestas: «sí», «no estoy seguro» o «no».

Al analizar los datos de más de cincuenta mil personas, el estudio de Ōsaki concluyó que, «en comparación con quienes habían encontrado su ikigai, los que no lo habían conseguido tenían más probabilidades de estar solteros y sin trabajo, tener un nivel educativo más bajo, percibir su salud como mala, estar muy estresados, sufrir dolor severo o moderado, limitaciones físicas y menos capacidad motriz».

Basándonos solo en este estudio no es posible decir

si el hecho de tener ikigai ha mejorado el matrimonio, el trabajo y la educación de los sujetos, o si, por el contrario, ha sido la suma de los pequeños éxitos en la vida lo que ha dado lugar a su mayor sentido del ikigai. Sin embargo, parece razonable afirmar que tener ikigai indica un estado mental determinado: los sujetos se sienten capaces de llevar una vida feliz y activa. En cierto modo, el ikigai es un barómetro que refleja la visión de la vida de una persona de manera integrada y representativa.

Además, la tasa de mortalidad de la gente que respondió «sí» a la pregunta del ikigai era significativamente más baja que la del «no». Esa tasa era inferior porque su riesgo de padecer una enfermedad cardiovascular era menor. Lo interesante es que no hubo una diferencia significativa en cuanto al riesgo de padecer cáncer entre los del «sí» y los del «no».

¿Por qué los que tienen ikigai presentaban menos riesgo de padecer una enfermedad cardiovascular? Tener buena salud depende de muchos factores. Es difícil decir cuáles son los responsables en última instancia, pero la menor tasa de enfermedades cardiovasculares sugiere que quienes tienen ikigai tienden más a hacer ejercicio, puesto que es sabido que la actividad física disminuye el riesgo de enfermedad cardiovascular. De hecho, el estudio de Ōsaki determinó que quienes respondieron afirmativamente a la pregunta del ikigai hacían más ejercicio que quienes respondieron negativamente.

El ikigai da a nuestra vida un propósito y nos aporta el coraje para seguir adelante. Aunque en la actualidad el Sukiyabashi Jiro es un templo culinario de fama mundial al que acuden personalidades como Joël Robuchon, los orígenes de Jiro Ono fueron muy humildes. Su familia luchaba por llegar a fin de mes y salir de la miseria (eso era antes de que se implantara en Japón la normativa para abolir el trabajo infantil). Empezó a trabajar en un restaurante por las noches cuando todavía iba a la escuela primaria. En el colegio, cansado por las muchas horas de duro trabajo, solía dormirse. Cuando el maestro lo echaba de clase como castigo, solía aprovechar la pausa para volver corriendo al restaurante y terminar las tareas pendientes o adelantar trabajo para luego tener menos.

Cuando Ono abrió su primer restaurante de sushi, que con el tiempo lo llevaría al Sukiyabashi Jiro, no aspiraba a abrir el mejor restaurante del mundo. En esa época resultaba simplemente más barato abrir un restaurante de sushi que cualquier otro tipo de restaurante. Para uno de sushi solo hace falta un equipamiento básico y el mobiliario. Y no es de extrañar, puesto que el sushi empezó vendiéndose en puestos callejeros durante el período Edo, en el siglo XVII. Ono abrió un restaurante de sushi para ganarse la vida, ni más ni menos.

Luego empezó el largo y arduo ascenso. Sin embargo, en cada etapa de su prolongada carrera, Ono ha tenido el ikigai para apoyarlo y motivarlo mientras escuchaba su voz interior en su incesante búsqueda de la calidad. No se trataba de algo que pudiera ser comercializado en masa o entendido fácilmente por la gente. Ono tuvo que darse ánimos a lo largo del camino, sobre todo en la primera época, cuando la sociedad, en general, todavía no reparaba en sus esfuerzos extenuantes.

Fue haciendo pequeñas mejoras en su negocio, por ejemplo, diseñando un recipiente especial que encajaba en el inusual mostrador de su restaurante para que todo estuviera limpio y ordenado. Mejoró varios utensilios utilizados en la preparación del sushi, sin ser consciente de que muchos serían usados en otros restaurantes y acabarían reconocidos como de su invención. Todos estos pequeños avances fueron obras de amor impulsadas por el fino sentido de Ono de lo importante que es **empezar con humildad** (el primer pilar del ikigai).

Este libro pretende ser una humilde ayuda para quienes están interesados en el sistema de valores del ikigai. Espero que con la historia de Jiri Ono os hayáis hecho una idea de lo que implica este concepto y lo valioso que puede ser. Como veremos, tener ikigai puede cambiarnos literalmente la vida. Podemos vivir más, tener buena salud, ser más felices, estar más satisfechos y menos estresados. Además, y como efecto secundario del ikigai, podemos incluso ser más creativos y tener más éxito. Disfrutaréis de todos estos beneficios del ikigai si aprendéis a apreciar esta filosofía de vida y aplicarla en la vuestra.

Puesto que el ikigai es un concepto profundamente arraigado en la cultura japonesa, para aclarar lo que implica voy a profundizar en las tradiciones de Japón, buscando la conexión con sus costumbres contemporáneas. En mi opinión, el ikigai es una especie de núcleo cognitivo y de comportamiento alrededor del cual se organizan varios hábitos de vida y sistemas de valores. El hecho de que los japoneses utilicen el término ikigai en su vida cotidiana sin saber necesariamente lo que significa, prueba su importancia, sobre todo teniendo en cuenta la hipótesis léxica planteada por el psicólogo inglés Francis Galton a finales del siglo XIX. Según Galton, los rasgos individuales importantes de la personalidad de una raza se codifican en el lenguaje de la cultura: cuanto más importante el rasgo, más probable que se exprese mediante una sola palabra. El hecho de que el concepto del ikigai se exprese con una sola palabra significa que apunta a una característica psicológica importante, relevante para la vida de los japoneses. El ikigai representa la sabiduría japonesa de la vida, la sensibilidad y los comportamientos exclusivos de los japoneses en evolución durante siglos en su sociedad estrechamente unida.

Por supuesto, no hace falta ser japonés para tener ikigai. Cuando pienso en el ikigai como en un placer personal, recuerdo una silla especial que encontré en el Reino Unido.

A mediados de los noventa pasé un par de años realizando una investigación posdoctoral en el laboratorio de fisiología de la Universidad de Cambridge. Me alojaba en casa de un eminente profesor. Cuando me enseñó la habitación que ocuparía, me indicó una silla y me explicó que para él tenía un valor sentimental: se la había hecho su padre cuando era pequeño.

La silla no tenía nada de particular. Sinceramente, estaba bastante mal hecha. El diseño era burdo y en algunas zonas la madera estaba mal trabajada. Si la hubieran puesto a la venta no habrían sacado mucho. Dicho esto, también vi, por el brillo de los ojos del profesor, que tenía un significado muy especial para él. Eso era lo que importaba. La llevaba en el corazón simplemente porque su padre la había hecho para él. En eso consiste el valor sentimental de algo.

Es solo un pequeño ejemplo, pero muy representativo. El ikigai es como la silla del profesor. Se trata de que descubramos, definamos y apreciemos los placeres de la vida que para nosotros tienen sentido. No importa si nadie más les da valor, porque, como hemos visto en el caso de Ono y veremos en estas páginas, perseguir las propias alegrías a menudo redunda en una recompensa social. Podemos encontrar nuestro ikigai, cultivarlo despacio y sin alardes, hasta que un día dé un fruto bastante original.

En este libro, repasando el modo de vida, la cultura, la tradición, la mentalidad y la filosofía de vida de Japón, descubriremos sugerencias para la buena salud y la longevidad arraigadas en el ikigai. Entretanto, podemos ir preguntándonos:

- ¿Cuáles son nuestros valores más sentimentales?
- ¿Con qué pequeñas cosas disfrutamos?

Son dos buenos puntos de partida para encontrar nuestro propio ikigai como vía hacia una vida más feliz y plena.

CAPÍTULO 2

Un motivo por el que levantarse todas las mañanas

Algunos no tienen ningún problema para levantarse de la cama. A otros les cuesta mucho. Si somos de esas personas que se quedan bajo las mantas cuando el despertador deja de sonar, deseando que ojalá fuera fiesta, que consiguen levantarse a duras penas después del segundo o tercer aviso de la alarma, entonces este capítulo es para nosotros.

Se dice a veces que el ikigai es «la razón para levantarse por la mañana». Es lo que motiva constantemente para vivir la vida, algo que da apetito por la vida, que hace que uno esté ansioso por recibir cada nuevo día. Como veremos en este capítulo, los japoneses no necesitan grandiosas motivaciones para seguir adelante; confían más en los pequeños rituales, en sus rutinas diarias.

De los Cinco Pilares del ikigai antes enumerados, levantarse temprano tiene mucho que ver con **empezar con humildad**.

Hiroki Fujita, comerciante de atún en el famoso mercado de pescado de Tsukiji, en Tokio, sabe el valor de levantarse temprano por la mañana. Se levanta a las dos de la madrugada y se prepara para ir a trabajar siguiendo ciertos hábitos. Cuando llega a su puesto del mercado todavía no ha amanecido, ni siquiera en pleno verano. Se pone a trabajar de inmediato con la rapidez y la energía acostumbradas desde hace muchos años.

Hay una razón especial por la que Fujita madruga tanto todos los días. Comercia con atunes y tiene que hacerse con los mejores. Por lo tanto, no puede perderse nada importante de lo que pasa en el mercado. Sus clientes dependen de él. A medida que el mundo descubre el delicioso sabor del atún *toro*, se presta cada vez más atención al proceso de selección y aderezo de los mejores especímenes. Fujita examina docenas de atunes alineados en el suelo de una sección especial del mercado, tratando de elegir el mejor para su impresionante lista de clientes, muchos de ellos de los restaurantes más prestigiosos de sushi de Tokio y alrededores, sin que falte, por supuesto, el Sukiyabashi Jiro.

Según Fujita, escoger un buen atún es un arte complicado. En el Tsukiji venden los atunes enteros y el comerciante no puede ver el pescado por dentro mientras busca. El único modo que tiene de elegir el pescado es fijándose en la carne del punto en que la aleta caudal ha sido separada del cuerpo. Fujita suele tocar y palpar esta carne con los dedos para saber si está madura.

«La gente tiene una idea errónea sobre qué clase de atún es sabroso —dice—. Suele pensar que el atún rojo y de aspecto fresco es el mejor, pero nada más lejos de la verdad. El mejor atún, de hecho, tiene un aspecto más apagado. Y solo lo tiene un tipo de pescado capturado mediante unas pocas artes de pesca. El de la mejor clase es, digamos, uno de cada cien. Intentas buscar determinado aspecto y textura, pero no es fácil estar seguro, porque los mejores suelen ser muy similares, a veces incluso indistinguibles de los que se han estropeado por la oxidación. Madrugo porque siempre voy tras ese tipo especial de pescado. "¿Lo encontraré hoy?", me digo. Esa idea me mantiene en marcha.»

A lo mejor todos deberíamos saludar la mañana como Fujita. Conocemos suficientemente la fisiología del cerebro para saber que esas horas del día son las mejores para el trabajo productivo y creativo. Los datos sugieren que durante el sueño el cerebro está ocupado registrando recuerdos en sus circuitos neuronales a medida que las actividades del día se ordenan y consolidan. Todavía se están realizando investigaciones sobre la dinámica de la consolidación de la memoria. Parece que los nuevos recuerdos se almacenan temporalmente en el cerebro con la ayuda del hipocampo (hay certeza sobre este papel esencial del hipocampo porque las personas con daños importantes en esta zona cerebral ya no son capaces de formar nuevos recuerdos). Luego estos recuerdos se desplazan al córtex y se consolidan como memoria a largo plazo. El cerebro es capaz de llevar a cabo este almacenamiento con eficacia, vinculando e indexando los recuerdos mientras no recibe información sensorial.

Por la mañana, suponiendo que hayamos dormido lo suficiente, el cerebro ha terminado su importante tarea nocturna. Está descansado, listo para absorber nueva información cuando empezamos las actividades del día.

Decir buenos días —*ohayo* en japonés— y establecer contacto visual activa los sistemas de recompensa del cerebro y mejora su regulación hormonal, con lo que el sistema inmunológico se beneficia. Todos estos efectos se han demostrado estadísticamente significativos, aunque no se comprendan del todo los vínculos causales. Como veremos a continuación, madrugar es inherente a la cultura japonesa, por lo que no sorprende que haya normas sobre cómo y cuándo decir *ohayo*. ¡No hay que tomárselo a broma! Se sabe que varias regulaciones hormonales del cerebro están en armonía con el avance del sol, de modo que tiene sentido vivir en sincronía con el astro rey, ya que los ritmos circadianos se ajustan a los ciclos naturales del día y la noche.

Esa es la explicación neurológica de por qué madrugar tanto es una tradición japonesa. Pero, como acabamos de decir, también hay una razón cultural: Japón es una nación que siempre ha apreciado mucho el sol naciente.

El príncipe Shōtoku, que gobernó el país en el siglo VII, hijo del emperador Yōmei, era un hombre de prodigiosos talentos. Según la leyenda, podía escuchar y comprender a diez personas que hablaban al mismo tiempo. Se le atribuye haber introducido reformas políticas positivas, como una Constitución de diecisiete artículos, en el primero de los cuales, del que hablaré más adelante, se destacaba la importancia del *wa* (la armonía).

Shōtoku empezó con esta frase una carta oficial al emperador chino: «Del soberano de la Tierra del Sol Naciente.» Se refería al hecho de que Japón está situado al este de China, por donde sale el sol. La imagen cuajó y, para Occidente, Japón sigue siendo «la tierra del sol naciente».

«Japón» es un exónimo. En japonés el nombre de la nación es Nippon o Nihon, dos pronunciaciones alternativas para la expresión «el origen del sol». La bandera japonesa (*hinomaru*, «círculo del sol») es la representación visual del concepto «tierra del sol naciente».

El sol lleva siendo objeto de adoración en Japón desde hace mucho tiempo, como símbolo de vida y energía. El día de Año Nuevo, muchas personas se levantan temprano (o se quedan en vela toda la noche) para ver surgir el primer sol del año. Es costumbre escalar el monte Fuji de noche para reverenciar desde su cumbre el sol naciente. Muchos nombres comerciales japoneses utilizan la imagen del sol naciente como motivo: marcas de cerveza, periódicos, seguros de vida, cerillas y hasta una cadena de televisión.

Otra razón por la que a los japoneses les gusta madrugar tiene que ver con la historia económica del país. Durante la era Edo (1603-1868), cuando gobernaba el shogunato Tokugawa, aproximadamente el 80 por ciento de la población era rural. Incluso después de la rápida industrialización y urbanización, en 1945, cerca de la mitad de los japoneses seguían siendo granjeros. Y para que una granja funcione bien hay que levantarse temprano.

Que la agricultura haya tenido un impacto tan grande no es de extrañar, dado lo mucho que la economía japonesa dependía del arroz. Este era el producto más importante, casi sagrado, del país. Había que ofrecérselo a los dioses en los rituales y el pastel de arroz simbolizaba la llegada del Año Nuevo. El sake, el famoso licor japonés, se fabrica con arroz. Los ornamentos sagrados de los santuarios sintoístas están hechos de paja de arroz.

Hoy en día, el porcentaje de gente que se dedica a la agricultura ha caído hasta el 1,5 por ciento del total de la población. Su importancia para la mentalidad del japonés medio ha disminuido. Sin embargo, muchos conceptos relacionados con la agricultura siguen influyendo en las actitudes cotidianas de la gente. Por ejemplo, la siembra de brotes de arroz en primavera y su cosecha en otoño es uno de los rituales más importantes que lleva a cabo el emperador. Los campos de arroz se encuentran en los terrenos del Palacio Imperial, en Tokio. Su Majestad Imperial realiza con sus propias manos tanto la siembra como la cosecha y la televisión nacional lo retransmite. En su papel como representante del pueblo japonés, el emperador hace esto porque era lo que la mayoría de la población hacía para ganarse la vida.

No solo los agricultores tenían la costumbre de levantarse temprano por la mañana. Entre los comerciantes, tradicionalmente, se consideraba encomiable levantarse al amanecer y empezar la jornada de inmediato no solo con el fin de llevar adelante los negocios, sino también para ahorrar combustible y velas por la noche. Un viejo proverbio japonés reza: «Levantarse temprano vale tres *mon*» (moneda japonesa que entró en circulación durante el período Muromachi, hacia 1336, y se siguió utilizando hasta 1870). Equivale al conocido refrán español «A quien madruga Dios lo ayuda». En general, la población japonesa entiende que levantarse temprano es económicamente beneficioso. Por eso los comerciantes de atún se levantan de noche para ir al mercado, o los empresarios adictos al trabajo del sector financiero van a la oficina a primera hora para responder a la actividad de las Bolsas extranjeras.

Una profesión que sigue la costumbre del madrugón a rajatabla en el Japón actual, aunque pueda parecer raro, es la del sumo. Los luchadores de sumo entrenan por la mañana, antes de desayunar. De hecho, solo tienen entrenamiento por la mañana. Por la tarde se lo toman con calma, duermen una siesta o se dedican a sus pasatiempos favoritos. Huelga decir que la siesta y el tiempo de ocio van después de una generosa ingesta de alimento que contribuye a su famosa corpulencia.

Radio Taiso* quizá sea lo más representativo de la cultura japonesa en cuanto a actividad física matutina. Y es para la gente común de todas las edades.

Concebido en 1928 por el Gobierno para mejorar la

---

* Radio Taiso o Rajio Taiso (ラジオ体操), «ejercicios por la radio», es un programa de ejercicios de calistenia de quince minutos de duración al ritmo de música de piano. Se emite diariamente por la cadena NHK a las 6.30 h de la mañana. *(N. de la T.)*

aptitud física de la población en general, *Radio Taiso* se ha emitido con regularidad desde entonces, exceptuando la pausa de cuatro años posterior a la Segunda Guerra Mundial. Muchos empiezan en la escuela primaria. A los niños de primer curso se les enseña a mover los brazos y las piernas al ritmo de la música, ya que los ejercicios son lo suficientemente sencillos como para que los repitan los pequeños de seis años. Durante las vacaciones de verano, se reúnen grupos locales de *Radio Taiso* y se anima a los niños a unirse recompensándolos con sellos coleccionables. Si un niño acumula un cierto número de sellos en una tarjeta, se le regalan dulces o material de papelería al final de las vacaciones. Esta costumbre, supuestamente, tiene un gran valor educativo, porque anima a los menores a acostarse temprano y levantarse pronto, un hábito cuya adquisición es muy saludable, sobre todo en una época en que los pasatiempos digitales, como los juegos y vídeos de YouTube, tienden a mantenerlos despiertos hasta muy tarde. Así que se anima a los niños a mantener el espíritu del «sol naciente», aunque sin ninguna connotación nacionalista. *Radio Taiso* es un buen ejemplo de una pequeña dosis de ingenio de largo recorrido. También siguen el programa en las obras y las fábricas, donde la preparación física para el trabajo se considera necesaria, y lo hacen incluso en los despachos, antes de empezar la larga jornada laboral.

En la actualidad, quienes más siguen el programa son las personas de mayor edad. No es raro ver un grupo de ancianos reunidos en los parques de las zonas residenciales realizando la tabla de ejercicios matutinos diaria. Empiezan exactamente a las 6.30 de la mañana, justo cuando la NHK Radio 1 comienza a emitir la sintonía musical de *Radio Taiso*. Es su ikigai.

Los medios internacionales han utilizado algunas veces la imagen de la gente uniformada haciendo ejercicio al mismo tiempo para retratar Japón como país «de borregos». A primera hora de la mañana, en los grupos de ancianos, los movimientos no son en absoluto ordenados ni sincronizados. Se ve gente repartida por toda la zona, cada cual con su propio enfoque de la calistenia.* Algunos no siguen el ritmo de la música, mientras que otros charlan

---

* Sistema de ejercicio físico basado en el propio peso corporal; lo importante son los movimientos de los grupos musculares más que la potencia y el esfuerzo. El término proviene del griego καλοσ («belleza») y στενοσ («fuerza»). El objetivo es conseguir gracia y belleza en el ejercicio. *(N. de la T.)*

rápidamente moviendo brazos y piernas. Algunos se incorporan cuando ya ha empezado la música, mientras que otros se marchan antes de que termine. En otras palabras, hay para todos los gustos y se respetan todas las idiosincrasias.

Radio Taiso es tal vez la apoteosis de la costumbre japonesa de premiar la actividad matutina. Resulta particularmente interesante desde el punto de vista de la construcción social del ikigai, porque reúne una comunidad conforme a **la armonía y la sostenibilidad**, el tercer pilar. También ha tenido otra consecuencia: la música del programa ha llegado a ser tan especial para los japoneses que forma parte de muchas películas y obras populares del país.

El placer de los detalles resulta particularmente pertinente en este contexto, ya que es costumbre en Japón tomar algo dulce a primera hora de la mañana, tradicionalmente con té verde, aunque cada vez más se sustituye por café o té negro. Tiene sentido, desde luego. Independientemente de en qué parte del mundo vivamos, si nos habituamos a tomar lo que preferimos poco después de levantarnos (por ejemplo, chocolate y café), nuestro cerebro libera dopamina, reforzando la acción (la de levantarte antes) para recibir la recompensa (chocolate y café). Como Mary Poppins cantaba en la famosa película musical, «con un poco de azúcar, esta píldora que os dan satisfechos tomaréis».

Otras cosas aparentemente sin importancia pueden ayudar a levantarnos de la cama por la mañana. Muchos japoneses se ven obligados a cubrir un largo recorrido hasta el trabajo, sobre todo en las áreas metropolitanas de ciudades como Tokio, Nagoya y Osaka. Yo solía tomar un tren a las 6.20 para ir al instituto. Me sentaba siempre en el mismo vagón y veía algunas caras familiares en los asientos cercanos. Lo notable, y lo estimulante, era que todas las mañanas varios oficinistas jugaban al *shogi* (el ajedrez japonés), disfrutando del viaje. Este club de *shogi* era algo parecido al grupo de *Radio Taiso*: se servía del poder de la comunidad para aumentar la motivación de un viaje a una hora temprana (el tercer pilar del ikigai, **la armonía y la sostenibilidad**). A día de hoy, lo recuerdo como algo cercano a la imagen de la felicidad perfecta.

Por consiguiente, tanto *Radio Taiso* como el *shogi* pueden ser considerados esquemas bien diseñados para promover los pilares primero, tercero y cuarto del ikigai, a saber, **empezar con humildad, armonía y sostenibilidad,** y **el placer de los detalles.**

Desde luego, no hace falta haber nacido en Japón para adoptar la costumbre de madrugar. Al fin y al cabo, todos los países son la tierra del sol naciente. Desde la estación espacial no hay diferencia alguna. En cada instante el sol nace en alguna parte y se pone en otra.

A lo mejor podríamos crear una versión de *Radio Taiso* o del club de *shogi* en nuestra propia cultura local. Tal vez fundar un club de lectura con los viajeros habituales que recorren nuestro mismo trayecto o preparar un delicioso desayuno para tomarlo después de correr un poco o hacer estiramientos. Disfrutemos del **placer de las pequeñas cosas** y empecemos nuestro ikigai por la mañana.

CAPÍTULO 3

El *kodawari* y los beneficios de la humildad

En los últimos años, Japón ha pasado a ser un destino turístico popular. En 2010 visitaron el país cerca de ocho millones de extranjeros. En 2015, los visitantes alcanzaron la cifra aproximada de veinte millones. Ya no es raro ver grupos de turistas paseando por las calles de conocidos destinos como Tokio, Kioto u Osaka. También se ven turistas en pueblos remotos, en restaurantes que antes solo conocían los lugareños y en sitios que tradicionalmente los visitantes evitaban.

Desde la modernización de la nación, el Gobierno ha tratado de atraer el turismo extranjero. En el período Meiji (1868-1912) se construyeron varios hoteles de estilo occidental para acoger a los turistas de Europa y Estados Unidos. En esos tiempos, Japón no era una economía exportadora industrializada, por lo que las divisas de esos turistas tenían vital importancia. Cuando la economía creció rápidamente después de la Segunda Guerra Mundial, la importancia del número de personas que visitaban Japón se volvió irrelevante en comparación con la aportación de divisas obtenida con la fabricación de material electrónico y automóviles.

Sin embargo, recientemente ha habido un nuevo impulso para animar a la gente a visitar Japón. Ahora las industrias niponas, obligadas a competir con las de China, Corea y Taiwán, y con el predominio de una economía basada en internet procedente de Estados Unidos, están perdiendo terreno. El Ministerio de Economía, Comercio e Industria (MECI), antes venerado y temido por ser el motor del Japón corporativo, se considera actualmente el «poder blando» de la nación, solo una parte de su maquinaria de hacer dinero. El MECI ha puesto en marcha la campaña *Cool Japan*, inspirada en el movimiento *Cool Britannia* del Reino Unido,* cuyo

---

* Término acuñado a mediados de la década de los noventa y usado en algunos medios de comunicación para describir la cultura contemporánea del Reino Unido. (*N. de la T.*)

objetivo es diversificar la economía, dejando de centrarla en la industria, y asegurar el turismo como el nuevo sostén de la nación. Aumentar el número de turistas es uno de los retos más importantes de esta iniciativa.

Los turistas suelen referirse a la gran calidad de los servicios, la cuidada presentación y la atención al detalle como algunos de los encantos fundamentales de Japón. Desde el funcionamiento prácticamente perfecto de los trenes Shinkansen (la red ferroviaria de alta velocidad) hasta el meticuloso y rápido servicio de los platos de ternera en las cadenas de comida rápida, cosas que los japoneses dan por sentadas, impresionan e incluso asombran a los extranjeros. Según los turistas, Japón está limpio y ordenado, es un lugar donde todo funciona bien y a la hora prevista. Consideran los baños públicos, las tiendas y el transporte público muy bien mantenidos y administrados. Elogian a los japoneses por su carácter amable y servicial.

Huelga decir que de vez en cuando hay algún contratiempo; como cualquier país, Japón tiene su cuota de personas y organizaciones incompetentes. Los japoneses, siempre dispuestos a mantener el listón alto, suelen quejarse del deterioro de las costumbres. Pero, por término medio, es justo decir que merecen un sobresaliente alto en calidad de los servicios y amabilidad.

Para entender por qué Japón ofrece productos y servicios de alta calidad, es importante entender el *kodawari*, un concepto de difícil traducción. Se suele traducir como «compromiso» o «empeño». Sin embargo, como en el caso de muchos conceptos que se nutren de un contexto cultural particular, estos términos no expresan adecuadamente su verdadero significado. El *kodawari* es un hito personal al que el individuo se mantiene fiel. A menudo, aunque no siempre, se trata del nivel de calidad o la profesionalidad del individuo. Es una actitud a lo largo de la vida que constituye un elemento central del ikigai. El *kodawari* es de naturaleza personal y una manifestación de orgullo por lo que uno hace. En pocas palabras, es un enfoque basado en poner los cinco sentidos hasta en el más pequeño detalle. De los cinco pilares del ikigai, el *kodawari* es el primero, **empezar con humildad**, sin obviar necesariamente el esfuerzo por los planes ambiciosos.

Una cosa que quienes visitan Japón notan es el gran

número de pequeños restaurantes y bares regentados por sus dueños, en lugar de cadenas o franquicias. Ofrecen un ambiente local, son únicos, personales y reflejan los gustos de su propietario. Estos locales suelen tener un *kodawari no ippin*, un plato de la casa del que el dueño está orgulloso. Puede llevar determinados ingredientes o hacer honor a la región de la que estos proceden o caracterizarse por el tiempo que lleva su preparación. Los clientes aprecian estos locales, donde pueden consumir platos con una preparación única nacidos del deseo de celebrar la interacción personal y el sentido de comunidad.

Un ejemplo muy interesante es el de los famosos fideos *ramen*. Japón ha sido muy hábil transformando algo importado en algo cercano a la perfección. Estos fideos son originarios de China, pero, una vez llegados a Japón, proliferaron las maneras de prepararlos. Dependiendo del sabor de la sopa, de cómo se cuecen y de la elección de los ingredientes, existen en la actualidad infinitas clases de *ramen*. Cuando dos japoneses se ponen a discutir acerca de qué *ramen* les gusta, sin duda la discusión se eternizará. El cineasta Juzo Itami, uno de los más agudos observadores de la sociedad japonesa, rindió tributo con humor al *kodawari* de los fideos *ramen* en su película *Tampopo*, de 1985. Describe en ella todos los aspectos de la preparación de los *ramen*, desde la mezcla de la sopa, pasando por el amasado de los fideos, hasta la cantidad y las proporciones de los condimentos. Además, los clientes tienen que aprender la manera correcta de comer y saborear los *ramen*. Todo esto se plantea con humor en la película, pero aunque el celo por los *ramen* sea exagerado y cómico, tiene gracia precisamente porque es muy cierto. **Empezar modestamente** y ejecutar cada paso a la perfección es el verdadero quid de los locales de *ramen*, respetuosamente compartido por la clientela.

El *kodawari* en sí mismo parece un rasgo de intransigencia y egocentrismo, casi hasta el punto de excluir todo intercambio de ideas. De hecho, la idea que los japoneses tienen de un dueño de tienda de *ramen* con *kodawari* es la de alguien difícil de tratar, gruñón, que exige el mismo grado de apreciación por parte de los clientes. En *Tampopo*, el dueño de la tienda de *ramen* solo está satisfecho cuando sus clientes se han terminado toda la sopa. En realidad, el *kodawari* es en última instancia pura comunicación. La sonrisa en la cara del cliente es la recompensa final e íntima por haber realizado todas y cada una de las pequeñas tareas necesarias para preparar el cuenco perfecto de *ramen*.

Steve Jobs tenía su *kodawari*, también, aunque no expresó su *ethos* con estas palabras, cuando trataba de perfeccionar las características del iPhone. De hecho, podría decirse que el *kodawari* era la característica definitoria de Steve Jobs. ¡Incluso cabría afirmar que Steve Jobs era japonés por su *kodawari*!

Por supuesto, Jobs era una persona excepcional. Lo que tal vez es único de Japón es la prevalencia del espíritu del *kodawari* entre la gente común y corriente. Desde los propietarios de tabernas *izakaya* hasta los productores de carne de buey de Kobe y atún de Ōma (un puerto en la prefectura de Aomori, al norte del país), en Japón muchísima gente expresa su propio *kodawari*. Hay muchos pequeños agricultores que dedican todo su tiempo, esfuerzo e ingenio a crear los mejores y más sabrosos productos. Consiguen el terreno adecuado, planifican y llevan a cabo la poda y el riego óptimos, y eligen la variedad de producto que van a sembrar muy cuidadosamente. Llegan lejísimos llevados por su fuerte impulso de **empezar con humildad**.

Un aspecto fundamental del *kodawari* es que los individuos persiguen sus propios objetivos por encima y más allá de las expectativas razonables, basadas en las tendencias del mercado.

Si uno quiere tener éxito, necesitará crear productos de una calidad razonable. Sin embargo, a partir de cierto punto, el grado de mejora de la calidad disminuye en comparación con el esfuerzo realizado. Como sucede con la curva de aprendizaje: si eres estudiante, a partir de cierto punto no vale la pena estudiar más, excepto en casos excepcionales, puesto que la nota apenas mejora; más vale dedicar el esfuerzo a otra cosa.

A las personas que poseen *kodawari*, este modo tan racional de pensar les es completamente ajeno. No estarán satisfechas con unos fideos *ramen* que estén muy bien. No dejarán de buscar la calidad óptima, el atún perfecto (recuerda a Fujita). Si uno crea productos que estén muy bien o perfectos, es razonablemente exitoso. Sin embargo, los que poseen *kodawari* van más allá todavía sin razón aparente. Lo «bastante bueno» sencillamente no es lo bastante bueno para ellos. Podría decirse que es una locura creativa, en realidad.

Hay quien pensaría que, a partir de cierto punto, estos buscadores de la perfección se pasan, se esfuerzan demasiado. Es precisamente en ese momento cuando se produce el milagro. O se avanza o se crea algo completamente distinto. Con la creación de un producto nuevo surge un mercado nuevo y la gente está dispuesta a pagar un precio elevado por una calidad inédita hasta el momento.

En la producción de fruta los japoneses han demostrado un grado especialmente elevado de *kodawari*. Los productores aspiran a una calidad cada vez mayor. Algunos incluso persiguen el sueño de una «fruta perfecta», por ejemplo, una fresa con una escala de sabor de dulce a amargo a lo largo de su eje longitudinal.

Sin embargo, una de las características más interesantes de las frutas perfectas que ofrecen en Sembikiya, la tienda de fruta más antigua de Japón, es que la «perfección» tiene muchas definiciones. Solo mirando la sección de las fresas uno tiene la sensación de ser testigo de la culminación de diferentes líneas evolutivas que no necesariamente conducen a un único sabor y aspecto para una fresa.

En Japón hay incluso una liga de la élite de las frutas. Sembikiya lleva abierta desde 1834. Los productos que comercializa son de tal calidad que, si una fruta es aceptada para ser ofrecida en uno de sus puntos de venta, puede decirse que ha llegado al salón de la fama de las frutas. En Sembikiya, ya sea en Tokio o fuera de la ciudad, es difícil no quedar impresionado por los precios increíblemente elevados y la hermosa apariencia de las frutas, que son verdaderas obras de arte.

Un ejemplo por excelencia de la fruta perfecta que se comercia allí es el *muskmelon*, así llamado por su sabor almizclado. La sola mención de Sembikiya evoca la imagen de un *muskmelon* carísimo, que suele comprarse para regalar. De hecho, en Japón se considera la más alta muestra de respeto que te regalen uno. Un *muskmelon* de Sembikiya cuesta como mínimo 20.000 yenes (155 euros). Puede que nos parezca ridículo pero, si supiéramos el tremendo esfuerzo y el *kodowari* necesarios para cultivar un *muskmelon*, incluso nos parecería una ganga.

Los *muskmelons* de Sembikiya se cultivan con la técnica «un tallo para cada fruto», mediante la cual los frutos sobrantes se eliminan para que no consuman los nutrientes destinados al deseado. Dado que todo el mundo sabe el ingente esfuerzo que se dedica al cultivo de un solo *muskmelon*, nadie considera desmesurado su precio, aunque, todo hay que decirlo, no esté al alcance de todos los bolsillos.

Si uno tiene la suerte de que le regalen un *muskmelon* de Sembikiya, que se prepare para toda una experiencia de dulzura, jugosidad, sabor y textura sublimes. Si uno no puede permitirse una pieza entera, que pruebe las rodajas que sirven en los cafés y restaurantes de Sembikiya, donde ofrecen la misma fruta que venden en sus tiendas.

La fruta de Sembikiya es arte biológico creado por el *kodawari* de sus abnegados agricultores. Desde luego, la prueba de que es arte requiere su consumo. Podemos admirar un mango *kanjuku* en su punto óptimo de madurez, a más de 75 euros la pieza, como si fuera una joya en su caja de presentación especialmente preparada por la frutería Sembikiya. Dado su precio, quizá nos dé reparo manipularlo y más todavía comérnoslo. Sin embargo, a menos que lo pelemos y troceemos, no podremos apreciar el verdadero valor del mango maduro. En otras palabras, tenemos que destruirlo para apreciarlo.

¡Y qué experiencia tan breve! Uno se lleva la fruta a la boca, mastica, traga y se acabó. Adiós a su experiencia *gourmet* de 75 euros.

Tal vez el romance de los japoneses con la fruta perfecta es un reflejo de la creencia en lo efímero.

El *hanami*, el momento en que los japoneses admiran los cerezos en flor todas las primaveras, es un buen ejemplo de ello. Los nipones se toman las cosas pasajeras de la vida muy en serio. Comerse un mango perfecto o un majestuoso *muskmelon* es cuestión de minutos y aporta un placer fugaz. No puede uno retener la experiencia. A diferencia de un estímulo visual, no queda constancia de lo que comemos y es probable que así siga siendo en un futuro. ¡No podemos hacernos un *selfie* del sabor!

La creencia en lo efímero del ikigai, el **ser consciente del momento presente** (el quinto pilar), posiblemente es el más profundo de los Cinco Pilares.

Por supuesto, el placer efímero no es una característica exclusiva de Japón. Los franceses, por ejemplo, se toman muy en serio los placeres sensuales. Al igual que los italianos. O, ya puestos, los rusos, los chinos o incluso los ingleses. Cada cultura tiene su propia inspiración.

Veamos otro ejemplo del *kodawari* en la cultura nipona: la cerámica.

Los japoneses siempre han apreciado el arte de la cerámica. Los cuencos utilizados en las ceremonias del té han sido especialmente valorados durante siglos. Cuando los señores de la guerra libraban batallas, para hacerse un nombre esperaban recibir los famosos cuencos como recompensa simbólica. Incluso se dice que algunos se llevaban una decepción si recibían solo un castillo y tierras que gobernar en lugar de un precioso recipiente.

Hay una clase particularmente famosa de cuenco, el llamado *yohen tenmoku*, que los señores de la guerra apreciaban mucho. El término *yohen* expresa el concepto de metamorfosis durante el proceso de cocción de la cerámica en el horno. Se cree que los cuencos *tenmoku* se fabricaron en China durante varias centurias a partir del siglo X. *Tenmoku* es la pronunciación japonesa de Tianmu, una conocida montaña situada al oeste de

Hangzhou, de dode se pensaba que eran originarias algunas clases de cuencos.

Un cuenco *yohen tenmoku* está decorado con estrellas azul oscuro, lila y de otros colores, como una galaxia de luminosidad esparcida por la negra extensión del cosmos. Por eso lo llamo, de manera simple, «cuenco estrellado». Solo quedan tres de estos cuencos en el mundo. Todos están en Japón y han sido declarados tesoro nacional. No hay ninguno igual; cada uno es distinto e inconfundible y causa una impresión imborrable.

En Japón existen muchas leyendas acerca de cuencos, pero la de los estrellados es particularmente conmovedora. Según la tradición, el legendario señor de la guerra Nobunaga Oda poseía un cuarto bol estrellado. Se cree que fue destruido cuando Nobunaga Oda murió en 1582 debido a la traición de Mitsuhide Akechi, su criado, en el templo Honnō-ji, de Kioto, durante un golpe de Estado, cuando más expectativas tenía Oda de reunificar Japón tras el caos originado por la guerra Ōnin, que duró más de cien años. Pillado por sorpresa y viendo que no tenía ninguna posibilidad de vencer o huir, el orgulloso Oda se quitó la vida tras mandar incendiar el templo, destruyéndolo todo, incluido el preciado cuenco.

Hoy en día, el proceso de fabricación del cuenco estrellado es uno de los mayores misterios de la historia de la alfarería. Generalmente, los cuencos están hechos de feldespato, piedra caliza y óxido de hierro. Dependiendo de la preparación de la arcilla y de cómo se forma el esmalte cerámico en el proceso de calentamiento y enfriamiento, el dibujo y la textura de los cuencos varía. Estas piezas son notables por su diversidad en el acabado, un proceso alquímico de transformación que los artesanos no entienden ni controlan por completo. Parte del vasto universo de patrones posibles son los cuencos estrellados, probablemente resultado de la casualidad. La probabilidad de fabricar un cuenco estrellado era tal vez de menos de una entre decenas de miles.

Reproducir un cuenco estrellado se ha convertido en la pasión y el *kodawari* de varios conocidos ceramistas japoneses. Adoran este precioso cuenco hasta tal punto que han convertido su reproducción en la pasión de su vida. Hoy por hoy constituye el Santo Grial de la cerámica japonesa.

Uno de ellos es Soukichi Nagae IX, representante de la novena generación de una familia de maestros ceramistas de la ciudad de Seto, próxima a Nagoya, una zona donde gobernaba Nobunaga Oda. Nagae es el apellido familiar, mientras que Soukichi es el nombre común con que se designa a los maestros de la casa.

La reproducción del cuenco estrellado era la pasión de su padre, Soukichi Nagae VIII. Su hijo afirma que este era de los que «no cejan en su empeño y habría dado su vida por conseguirlo». Mientras su padre vivió, desde pequeño oyó hablar del cuenco estrellado miles de veces. De hecho, tan cautivado estaba el padre por conseguirlo que durante una época abandonó su trabajo habitual: la producción de cerámica de Seto convencional.

Soukichi Nagae VIII hizo progresos. Hubo un momento en que creyó estar a las puertas del éxito. Luego entró en un callejón sin salida. Murió sin haber logrado la reproducción del cuenco estrellado, víctima de una apoplejía. Nagae asumió el título de Soukichi Nagae IX e inició sus propios esfuerzos para reproducir el cuenco. Compró más de cien materiales diferentes de alfarería y probó con distintas mezclas en proporciones diversas. Ha experimentado con más de setecientas clases de *yuyaku,* una mezcla especial de materiales para cubrir la vasija antes de hornearla.

Se cree que los cuencos estrellados se fabricaron en los hornos de loza del yacimiento de Jian, en la provincia china de Fujian. Había unos diez hornos en Jian produciendo loza y es muy probable que los cuencos estrellados salieran de uno de ellos. Uno de esos hornos, sacado a la luz recientemente, mide 135 metros de longitud y a lo largo de los años se cocieron en él más de cien mil piezas. El yacimiento estuvo en funcionamiento durante más de trescientos años, desde aproximadamente el siglo X hasta el XIII. Los cuencos estrellados habrían estado entre los millones de piezas fabricadas en ese lugar.

Soukichi Nagae IX importó un contenedor lleno de arcilla de Jian, las cuarenta toneladas de material necesario para fabricar diez mil cuencos. Crear cuencos de arcilla de Jian es un sueño heredado de su padre. Para este, reproducir un cuenco estrellado era como construir una pirámide. El cuenco estaba en la cúspide, pero antes había que allanar el terreno para iniciar el ascenso.

En el yacimiento de Jian todavía quedan montañas de vasijas quebradas. Capas de piezas rotas, algunas de más de diez metros de grosor, cubren una zona de doce hectáreas. Curiosamente, nunca se ha encontrado ningún fragmento de cuenco estrellado entre los restos. Acerca de este hecho se han planteado varias posibilidades, teoría conspirativa incluida.

Sin embargo, en 2009 fueron encontrados fragmentos de un cuenco estrellado en una zona en obras de Hangzhou, ciudad que solía ser la capital de facto de la dinastía Song del Sur (1127-1279), lo que acabó con la teoría de la conspiración. Ahora se cree que los cuencos estrellados fueron, de hecho, fabricados por artesanos del distrito alfarero de Jian.

En 2002, Soukichi Nagae IX hizo una presentación en un simposio internacional en Jingdezhen, ciudad productora de cerámica desde hace mil setecientos años, conocida como la «capital de la porcelana». En ella expuso los fundamentos de su enfoque para reproducir estos antiguos cuencos. Nagae planteó la hipótesis de que el uso y la vaporización de la fluorita en los hornos de cerámica de Jian contribuyó a la formación de varios dibujos de *tenmoku*, entre ellos los cuencos estrellados.

Hoy en día hay algunos signos esperanzadores en la reproducción de los cuencos estrellados, pero la búsqueda de Nagae y otros está lejos de haber terminado.

La historia de los cuencos estrellados es típica de la mentalidad japonesa en varios aspectos. El primero, la tremenda curiosidad por las cosas procedentes del extranjero, como estos cuencos chinos. Como ya he mencionado, los tres cuencos estrellados que quedan en Japón fueron declarados tesoro nacional por la Agencia de Asuntos Culturales, una organización gubernamental que se ocupa de estos temas. Existen muchos ejemplos de objetos de otros países que el Gobierno japonés valora mucho y a los que otorga el máximo reconocimiento. Lo de tesoro «nacional» no tiene nada que ver con el chovinismo.

A los japoneses se les da bien asimilar, adaptar y hacer suyo lo importado, ya sean los caracteres chinos en la antigüedad o en los últimos años las técnicas para cultivar un jardín inglés. El béisbol se importó de Estados Unidos pero se ha transformado en un deporte japonés bastante diferente. *Ana de las Tejas Verdes*, de la novelista canadiense Lucy Mayd Montgomery, o *Los Moomin*, del finlandés Tove Jansson, se han convertido en afamadas series de *anime*. El novelista Haruki Murakami ha traducido obras del inglés, sobre todo las de Raymond Carver. Debido a la reputación de Murakami, y en buena medida por la calidad de las versiones, los escritores traducidos se han convertido en autores de culto para los lectores japoneses

Como hemos visto en este capítulo, los japoneses a veces se dedican a producir cosas con una meticulosidad que raya en lo insólito, como en el caso de la fruta perfecta que se ofrece en Sembikiya o intentando reproducir el cuenco estrellado. El ikigai derivado de vivir de conformidad con el *kodawari* suele ser el motor de estos comportamientos. El *kodawari*, entendido en su aspecto estático, parece conducir a una inflexibilidad metodológica, a poner énfasis en la tradición y cerrar la mente a las influencias externas. Sin embargo, como hemos visto hasta ahora, el *kodawari* no conduce necesariamente a un rechazo de las influencias externas. Todo lo contrario, el japonés ha sido y sigue siendo un pueblo curioso.

Empezar sin grandes ambiciones es el sello distintivo de la juventud. Cuando se es joven, no se puede empezar todo a lo grande. Hagamos lo que hagamos, al mundo le importa poco. Hay que **empezar con humildad.** Si algo nos sobra es amplitud de miras y curiosidad, los grandes motores de arranque de una causa. Los niños son siempre muy curiosos, así que ya podemos ver el vínculo entre curiosidad e ikigai.

Resulta gracioso, pero en el Japón de la posguerra, el comandante supremo de las Fuerzas Aliadas, el general Douglas MacArthur, gobernador militar de Japón entre 1945 y 1950, dijo que esta era «una nación de doce años». Con ello se refería a la naturaleza inmadura de la democracia japonesa en ese momento. La frase pretendía ser despectiva. Sin embargo, si se considera que tener una mentalidad juvenil ávida de curiosidad es una ventaja en la vida, entonces el comentario del general podría tomarse como un cumplido.

Posiblemente el ikigai nos convierte a todos en Peter

Pan. Y eso no es necesariamente algo malo. ¡Tengamos todos doce años!

Una mentalidad juvenil es importante en el ikigai, pero también lo son el compromiso y la pasión, por aparentemente insignificante que sea el objetivo.

CAPÍTULO 4

La belleza sensual del ikigai

Si se subastara un cuenco estrellado en buen estado valdría millones de dólares. De los tres que quedan, el *Inaba tenmoku* se considera el mejor. Ha ido pasando de generación en generación de la casa de Inaba desde el shogunato Tokugawa y puesto a la venta valdría decenas de millones de dólares.

Yataro Iwasaki, el cuarto presidente de Mitsubishi y uno de los hombres más ricos de Japón, se hizo con este cuenco en 1934. Sin embargo, nunca lo usó en sus ceremonias del té porque no se consideraba digno de él.

Desde luego, los japoneses hacen un mundo de estos hermosos cuencos. Después de todo, un cuenco no es más que un cuenco, y su función es contener líquido. En cuanto a su utilidad, no es diferente de cualquier cuenco común y corriente del mercado. Y aunque el entusiasmo que despiertan estos recipientes seguramente tenga paralelismos en otras culturas, uno no puede evitar sentir que la cultura japonesa posee algo único que hace que la pasión por ellos sea extraordinaria. ¿De dónde viene este entusiasmo sensual?

En el primer capítulo me refería a la hipótesis léxica, según la cual las palabras que expresan los rasgos importantes de personalidad acaban, de manera progresiva, por formar parte del lenguaje cotidiano, como es el caso del ikigai. Hay otro aspecto interesante de la lengua japonesa que vale la pena tratar, particularmente en este caso.

En japonés, el ladrido de un perro es *wan wan* y el maullido de un gato *nya nya*. En español se dice *guau* y *miau* respectivamente. Cada idioma tiene sus onomatopeyas, pero el japonés tiene muchas y muy variadas, formadas normalmente por la misma palabra repetida.

Por ejemplo, *bura bura* es un modo de andar despreocupado y *teka teka* describe una superficie brillante. *Kira kira* se refiere al resplandor de la luz, mientras que *gira gira* alude a una fuente de luz más intensa, casi cegadora, como el faro de una moto por la noche. *Ton ton* es para un leve golpeteo, mientras que *don don* es para los golpes fuertes y atronadores. El diccionario de onomatopeyas editado por Masahiro Ono en 2007 contiene 4.500 entradas.

Con la creciente popularidad del *manga* y el *anime*, un número cada vez mayor de gente de todo el mundo se interesa por el simbolismo sonoro japonés, ya que muchas de estas expresiones se utilizan con frecuencia en dichas obras. Sin embargo, no es nada sencillo dominar las onomatopeyas japonesas, en parte debido a la sutileza de su uso y en parte porque hay muchas. A diferencia de otras culturas, los japoneses siguen empleando el simbolismo sonoro en su vida adulta, no solo durante la infancia. De hecho, no es infrecuente que lo utilicen en un contexto profesional. Este modo de expresarse se ha desarrollado más en algunos campos profesionales que otros, por ejemplo, en la gastronomía. No es extraño que *chefs* de sushi como Ono Jiro y experimentados pescaderos como Hiroki Fujita usen onomatopeyas en sus conversaciones, porque se suele utilizar el simbolismo sonoro para describir la textura y el sabor de los alimentos. Del mismo modo, los samuráis usaban onomatopeyas para hablar de la calidad de las espadas, el brillo y la textura de la superficie de la hoja. Los artistas de *manga* hacen uso frecuente de ellas también, usando palabras tales como *ton ton* y *don don* para expresar los sutiles matices de las expresiones faciales de sus personajes.

El hecho de que haya tanto simbolismo sonoro en el idioma japonés implica, según la hipótesis léxica, que existe una correlación entre dicho simbolismo y la forma en que los japoneses perciben el mundo. Por lo que parece, experimentan muchos matices y prestan atención a una plétora de cualidades sensuales. La abundancia de onomatopeyas demuestra la importancia que tiene detallar los matices sensuales en su vida.

Prestar atención a los detalles es algo que ha alimentado una cultura en la que los artesanos siguen siendo merecedores de un gran respeto, aun en una época en la cual las oleadas innovadoras prometen cambiarnos la vida.

En Japón continúa habiendo muchísimos productos tradicionales de fabricación artesanal. Los artesanos, aunque sin ostentaciones, son tenidos en alta estima y desempeñan un papel fundamental en la sociedad nipona. Su vida suele verse como la encarnación del ikigai: una vida dedicada a crear una sola cosa bien, por pequeña que sea.

El trabajo artesanal suele ser muy laborioso y llevar mucho tiempo. En consecuencia, el producto tiende a ser muy refinado y de excelente calidad. Los clientes japoneses reconocen el tiempo y el esfuerzo dedicados a la fabricación de estos productos y aprecian su calidad, ya se trate de cuchillos, espadas, piezas de cerámica, piezas lacadas, telas o papel *washi* fabricado a mano.

La ética y el trabajo de los artesanos siguen influyendo en una amplia gama de actividades económicas. Del mismo modo, la comprensión y el manejo de la gran variedad de cualidades sensuales de que hacen gala los japoneses arroja como resultado una artesanía y unas técnicas de elaboración igualmente refinadas.

Aunque las empresas niponas han ido perdiendo terreno durante muchos años en el campo de la electrónica de consumo, siguen siendo preeminentes en la fabricación de instrumentos complejos como las cámaras médicas. La ingeniería de alta precisión y el compromiso con la perfección sitúan las cámaras médicas japonesas entre las mejores del mundo. Asimismo, los fabricantes japoneses llevan ventaja en dispositivos semiconductores, porque tanto su buen hacer como las operaciones cuidadosamente coordinadas son imprescindibles para una producción eficaz de gran calidad.

Hace falta prestar atención a las múltiples experiencias sensuales para ejecutar las operaciones de precisión que requieren tanto la artesanía como la fabricación de alta tecnología. Al igual que con la artesanía, estas capacidades cognitivas se reflejan en el lenguaje. La riqueza en onomatopeyas de la lengua japonesa es el reflejo de una sensibilidad sumamente refinada.

Como veremos en el octavo capítulo, para los japoneses cada cualidad sensual equivale a un dios. Tienden a creer en la profundidad infinita de las tonalidades del colorido de la naturaleza y los artefactos, tanto como profunda es la historia de Dios creando el universo entero.

Sei Shōnagon, una cortesana que servía a la emperatriz Teishi allá por el año 1000, es famosa por su colección de ensayos *Makura no soshi* (*El libro de la almoha-*

da). En un ensayo, Sei Shōnagon presta atención con minuciosidad a los detalles de la vida cotidiana. He aquí un ejemplo (la traducción es mía): «Cosas bonitas. La cara de un niño pintada en un melón. Un joven gorrión saltando por un falso chillido de ratón. Un bebé que gatea a toda prisa, encuentra una pelusa, la coge con los deditos y se la enseña a los adultos.»

Sei Shōnagon no usa palabras grandiosas para describir la vida. Solo presta atención a las pequeñas cosas de la vida con que se encuentra, entiende instintivamente la importancia de **ser consciente del momento presente**. Tampoco habla de sí misma. Refiriéndose a los detalles que la rodean, expresa su propia individualidad de un modo más efectivo que aludiendo directamente a su persona.

El enfoque de Sei Shōnagon, tal como se expresa en *El libro de la almohada*, puede vincularse con el concepto contemporáneo de *mindfulness*. Para practicar la atención plena es importante **centrarse en el momento presente**, sin precipitarse a hacer juicios. Se considera que el apego al yo se interpone en el camino que conduce a la atención plena.

Si tenemos en cuenta que *El libro de la almohada* se escribió en el año 1002, la naturaleza esencialmente secular de los ensayos predice con un milenio de antelación el espíritu de la época actual. Es casi como si la autora perteneciera a nuestra época.

Una de las contribuciones japonesas únicas a la filosofía de la vida, en lo que se refiere al sentido de esta, por lo tanto, sería quizá la negación del yo.

Un niño despreocupado no necesita ikigai para seguir adelante, como subraya Mieko Kamiya en su famoso libro *Sobre el sentido de la vida* (ikigai). Un niño no soporta la carga de una definición social del yo. Un niño todavía no está atado a una profesión determinada ni a un estatus social. Sería maravilloso seguir así toda la vida. Esto nos lleva al segundo pilar del ikigai: **renunciar al ego**.

Del mismo modo que en *El libro de la almohada* Sei Shōnagon apenas se refiere a su propia posición en la sociedad, como si acabara de nacer esa misma mañana, como nieve recién caída, olvidarnos de nosotros mismos nos lleva a uno de los principios clave del budismo zen. Es interesante observar que la renuncia a uno mismo lleva aparejado el hecho de apreciar el presente, en cumplimiento de la filosofía *mindfulness*. **Renunciar al ego** está muy relacionado con estar aquí y ahora. Al fin y al cabo, el concepto moderno de **atención plena** tiene su origen en las tradiciones de la meditación budista.

El templo de Eihei-ji, en el barrio de Fukui, es un centro por excelencia del budismo zen. Fundado en 1244 por Dōgen, el templo sigue funcionando plenamente como centro de aprendizaje y formación de los aspirantes a sacerdote. Miles de candidatos al sacerdocio han solicitado ser discípulos y estudiado en el templo, para prepararse, meditar y obtener el título. Para ser aceptado como discípulo un solicitante debe permanecer de pie frente a la puerta durante días, a veces bajo una lluvia torrencial. Aunque para el observador moderno pueda parecer un abuso, existe una razón por la que se considera necesaria una introducción tan humillante al mundo del zen, especialmente con respecto a la negación del yo.

Jikisai Minami, un sacerdote budista que vivió la rara experiencia de permanecer en el templo Eihei-ji más de diez años (la mayoría de los discípulos solo pasan unos pocos años allí, hasta obtener el título), dice que una de las reglas más importantes del templo (y por lo tanto del budismo zen en general) es que no existe en él un «sistema de méritos». En el mundo exterior, la gente hace méritos o gana puntos por hacer algo valioso, algo bueno. En el templo de Eihei-ji, sin embargo, no hay premio alguno para un acto loable. Una vez que entras en el sistema, no importa lo que hagas, no importa con cuánta sinceridad medites ni hasta qué punto seas consciente de las tareas diarias que realices. Da lo mismo. Te tratan como a cualquier otro discípulo: te conviertes en un ser anónimo, casi invisible; la individualidad pierde toda relevancia.

La rutina en ese templo es durísima. Los discípulos se levantan a las tres de la mañana, se lavan y meditan. Después de la meditación siguen un horario denso consistente en más meditación, limpieza y otras tareas. Los discípulos toman tres comidas al día. El menú es muy sencillo: arroz, sopa y algunos vegetales.

De día, el templo está abierto al público y los turistas pueden pasearse por su interior. Los discípulos comparten el espacio con ellos. De vez en cuando, unos y otros se cruzan por los pasillos. El contraste entre las caras de los visitantes y las de los discípulos no puede ser mayor. Los primeros traen el aire de un mundo más amplio, que pone el énfasis en la conciencia de uno mismo, en la presión para aprovechar las oportunidades, para hacer méritos. Los discípulos, en cambio, caminan como si no fueran conscientes de su propia presencia y mucho menos de la de los demás. Han logrado **renunciar al ego,** ese pilar del ikigai. Están delgados, tienen la piel tersa (se dice que la dieta de Eihei-ji es buena para el cutis) y se muestran tan ensimismados que despiertan la envidia de quien los ve.

Imaginemos por un momento ser uno de los discípulos del templo de Eihei-ji. El flujo sensual de nuestra mente está lleno de su exquisita arquitectura, sus interiores y otras bellezas diseñadas, mantenidas y pulidas a lo largo de los años. Aunque nuestra satisfacción material fuera mínima y no hubiera satisfacción para nuestro ego, cada momento de vigilia que pasáramos en el Eihei-ji nos aportaría un flujo ininterrumpido de belleza sensual.

Inmerso en el ambiente del templo, se tiene una sensación de felicidad casi atemporal. Como para compensar la pérdida de la individualidad y del sistema basado en el mérito, allí hay una abundancia de belleza serena, aportada por el escenario donde los discípulos realizan estos rituales diarios.

Nicholas Humphrey, el neurocientífico de Cambridge (Reino Unido) que abordó el significado funcional de la conciencia en su libro *El polvo del alma: la magia de la conciencia*, argumenta que esta es funcionalmente significativa porque nos da placer sensual: una razón para seguir viviendo.

Humphrey pone el ejemplo del ritual del último desayuno de los presos antes de su ejecución en Estados Unidos. Los prisioneros tienen el privilegio final de elegir su menú. Humphrey cita los últimos menús de los condenados según constan en la página web del Departamento de Justicia Criminal de Texas. Un preso puede escoger filete de pescado frito o pollo *katsu*, patatas fritas, zumo de naranja, pastel de chocolate... La cuestión es que piensan mucho en cuál va a ser la última comida de su vida, lo que prueba la importancia del placer sensual que nos proporciona.

Podría decirse que es una forma definitiva de **estar**

aquí y ahora. Es casi como si hallar el ikigai en un entorno dado pudiera considerarse una forma de adaptación biológica. Uno puede encontrar su ikigai en una amplia gama de condiciones y la clave de esa resiliencia es el placer sensual.

En la ciencia contemporánea de la conciencia, las cualidades subjetivas de las experiencias, incluida la de comer, se conocen como *qualia*. El término se refiere a las propiedades fenomenológicas de la experiencia sensual: la rojez del rojo, la fragancia de una rosa o la frescura del agua son ejemplos de *qualia*. Cómo surgen los *qualia* de la actividad de las neuronas en el cerebro es el mayor misterio irresoluto de la neurociencia o, de hecho, de toda la ciencia. Nada nos emociona tanto como un gran misterio. Si uno se lleva una fresa a la boca (no tiene que ser una de las frutas perfectas y caras del Sembikiya), sentirá un cierto espectro de *qualia* que presumiblemente le dará placer. Y el placer es el misterio de la vida.

Antes me he referido al hecho de que la lengua japonesa tiene muchas onomatopeyas (simbolismo sonoro). Estas, al fin y al cabo, no son más que la representación de varios *qualia* experimentados.

Existe un vínculo profundo y misterioso entre **renunciar al ego** y el descubrimiento de los placeres sensuales. La cultura japonesa, con su abundancia de onomatopeyas, ha cultivado este vínculo, fomentando de pasada un sistema muy sólido de ikigai. Liberándonos del peso del ego, podemos abrirnos al universo infinito de los placeres sensuales.

CAPÍTULO 5

Flujo y creatividad

Renunciar a uno mismo puede parecer poco recomendable. Concita ideas de rechazo y negación. Sin embargo, si se entienden las consecuencias beneficiosas que eso produce en el contexto del ikigai, nada puede haber más positivo.

Si logramos el estado psicológico de flujo, como describe el psicólogo estadounidense de origen húngaro Mihaly Csikszentmihalyi, conseguiremos sacar el máximo partido del ikigai y cosas como las tareas diarias nos resultarán incluso agradables. No sentiremos la necesidad de que se reconozcan nuestro trabajo ni nuestros esfuerzos, no esperaremos ninguna clase de recompensa. Vivir en un estado permanente de dicha, sin buscar la gratificación inmediata del reconocimiento de los demás, está de pronto a nuestro alcance.

Según Csikszentmihalyi, el estado de flujo ocurre cuando las personas están tan inmersas en una actividad que ninguna otra cosa parece importarles. Es la manera de encontrar placer en el trabajo. El trabajo se convierte en un fin en sí mismo en lugar de algo que hay que soportar como un medio para conseguir otra cosa. En estado de flujo, no trabajamos para ganarnos la vida. Al menos, esa no es la prioridad máxima. Trabajamos porque el trabajo nos aporta un gran placer. El sueldo es un premio añadido.

Así pues, negarse es liberarse de la carga del ego y un aspecto esencial del flujo. Corresponde al segundo pilar del ikigai. Naturalmente, como entidad biológica, uno se preocupa por su bienestar, por satisfacer sus deseos. Eso es normal. Sin embargo, para alcanzar este estado, hace falta **renunciar al ego**. Al fin y al cabo, lo importante no es el ego, sino la suma de los infinitos matices de los elementos involucrados en un trabajo. Uno no es el maestro, el maestro es el trabajo, y en estado de flujo puede identificarse con su trabajo de una manera alegre y simbiótica. Perseguir objetivos personales no es algo desconocido en Japón. En la vida hace falta coherencia, lo que ayuda a tener un sentido de la dirección, una visión de los objetivos vitales, incluso cuando uno tiene detalles para apoyar su ikigai. De hecho, la coherencia y el sentido de los objetivos vitales realzan las pequeñas piezas del ikigai.

Los coleccionistas japoneses de porcelana antigua dicen que la «creación inconsciente» produce las mejores obras maestras. Argumentan que en la actualidad los artistas se han vuelto demasiado conscientes de su individualidad, que antiguamente no creaban sus obras para reclamar luego sus derechos como creadores. Hacían su trabajo y solo esperaban que a la gente le fuera útil en su vida cotidiana. La porcelana antigua tiene una pureza y una sinceridad que no se encuentran hoy en día, en opinión de los conocedores. Esas piezas son una expresión anónima de belleza.

Permanecer en estado de flujo, liberado de la carga del yo, se refleja en la calidad del trabajo. La belleza de los cuencos estrellados es tan sublime precisamente porque eran producto de un esfuerzo inconsciente. Cabe argumentar que los esfuerzos modernos por reproducir esos cuencos no han logrado reproducir la belleza serena de las antigüedades, y ello se debe al intento consciente de crear algo hermoso y único. Quizás intuitivamente sabemos que esa es la verdad. En un mundo obsesionado por los *selfies*, la autoayuda y la autopromoción, este principio parece incluso más pertinente.

El *anime* japonés se ha hecho mundialmente famoso. No obstante, todo el mundo sabe también que los profesionales de la animación no están bien pagados. En comparación con trabajos más prácticos como la banca y el comercio al por menor, el salario medio del animador es bajo. A pesar de eso, trabajar como animador continúa siendo el sueño de muchos jóvenes. Saben perfectamente que no se harán ricos, pero generación tras generación de aspirantes estudian para ello.

La animación es un trabajo arduo. Para Hayao Miyazaki, el gran maestro de la animación japonesa, conocido por obras como *El viaje de Chihiro* y *Mi vecino Totoro*, hacer este tipo de cine implica largas horas de duro trabajo. Miyazaki nunca deja su escritorio; dibuja miles de bocetos que definen los personajes y las escenas que luego serán trabajados y perfeccionados por los animadores del Studio Ghibli, del que es cofundador.

En una ocasión tuve el inmenso placer de entrevistarlo en el Studio Ghibli. Ha recibido numerosos premios pero, a juzgar por sus comentarios, la verdadera recompensa de su trabajo es el hecho mismo de hacer *anime*. Miyazaki lo hace en estado de flujo, y resulta evidente. Basta con advertir la felicidad que emana de sus obras. Un niño es un consumidor de pura honestidad. No se puede imponer algo a un niño, por educativo que sea. Por lo tanto, el hecho de que cuando un pequeño ve un trabajo del estudio de *anime* Ghibli voluntariamente pida más, da fe de la calidad de las películas de Hayao Miyazaki.

Creo que este hombre comprende la psicología infantil tal vez porque en el fondo sigue siendo un niño. Permanecer en estado de flujo no es otra cosa que disfrutar **del aquí y el ahora**. Un niño sabe apreciar el momento presente. En realidad, un niño no tiene una idea definida del pasado ni del futuro. Su felicidad reside en el presente, como la de Miyazaki.

El cineasta me contó una historia que me causó una fuerte impresión. Una vez, dijo, un niño de cinco años visitó el Ghibli. Después de jugar un rato en los estudios, Miyazaki los llevó a él y a su padre a la estación más cercana. En ese entonces tenía un coche descapotable. «A este niño le encantaría que quitara la capota», pensó. Sin embargo, justo cuando iba a hacerlo empezó a lloviznar. «Vaya. Quizá la próxima vez», decidió entonces, y se dirigió a la estación con la capota puesta.

Poco después empezó a tener remordimientos. Se dio cuenta de que, para un niño, un día es un día que nunca vuelve. Un niño crece rápidamente. Incluso si vuelve al cabo de un año y se pasea en coche con la capota quitada no será lo mismo. En otras palabras, el precioso momento se había perdido para siempre por culpa de la precaución de Miyazaki.

Su relato fue muy sincero y me conmovió profundamente. Si hacía falta una prueba de la capacidad de Miyazaki para ponerse en el lugar de un niño y producir obra maestra tras obra maestra de animación para hechizarlo, ahí estaba. Miyazaki ha mantenido vivo a su niño interior. La característica más importante de un niño es que vive en el presente, aquí y ahora. La misma actitud resulta fundamental para la vida creativa.

En cierto sentido, Walt Disney era otro predicador del **estar aquí y ahora**. También hacía animación en estado de flujo, a juzgar por la calidad de su legado. A pesar de su enorme éxito (59 nominaciones a los Oscar y 22 estatuillas), nunca podría haber llegado a esas alturas embriagadoras sin haber querido sumergirse en el complicado y arduo trabajo de la propia animación. En una ocasión, alguien le dijo que era lo bastante famoso como para ser presidente. «¿Por qué demonios querría serlo —replicó Walt— si ya soy el rey de Disneylandia?»

Hoy en día, muchas personas, jóvenes y mayores, experimentan el estado de flujo viendo una animación de Disney o disfrutando de un paseo por Disneylandia. Tal vez el mayor legado de Walt Disney haya sido convertir la experiencia de flujo en algo tangible y sostenible, para que puedan compartirla millones de personas corrientes que, de otra manera, habrían perdido definitivamente la magia de la infancia.

En el contexto del flujo, o de la relación entre el trabajo y el yo, la actitud japonesa tal vez sea única, al menos en comparación con el planteamiento normal en Occidente. Personas como Disney son una excepción.

Porque, a diferencia de la tradición judeocristiana, en la que el trabajo tiende a considerarse un mal necesario (metafóricamente, el resultado de la expulsión de Adán y Eva del Jardín del Edén a consecuencia del pecado original), la japonesa lo considera algo intrínsecamente positivo.

La jubilación tampoco se ve igual en Japón; allí los trabajadores tienen ganas de trabajar un poco incluso después de la edad de jubilación que fija su empresa, y no porque les falten cosas que hacer. Aunque seguramente las condiciones laborales japonesas distan mucho de ser perfectas, muchos disfrutan trabajando en lugar de retirarse. Mantenerse en estado de flujo hace que trabajar sea sostenible y agradable. Es bien sabido que Hayao Miyazaki ha anunciado su «jubilación» varias veces y en cada ocasión ha preferido crear una nueva película de animación (que implica mucho trabajo). Su último anuncio de jubilación fue después de *El viento se levanta*, en 2013, lo que indujo a muchos a considerarla el canto del cisne del gran director. Sin embargo, en el momento de escribir estas líneas corre el rumor de que nuevamente está trabajando en un proyecto de *anime* de larga duración. Al parecer, Miyazaki sencillamente no puede separarse de su trabajo.

Csikszentmihalyi afirma que una fuente de inspiración para su trabajo sobre el flujo fue observar a un amigo pintor trabajar en su obra durante horas, sin ninguna perspectiva de venderla ni obtener un beneficio económico. Este estado de ánimo particular, o ética del trabajo, con el que uno se sumerge en la alegría de **estar aquí y ahora**, sin buscar recompensa o reconocimiento inmediato, forma parte del concepto japonés de ikigai.

Pongamos por ejemplo la fabricación del whisky japonés. Su producción es una muestra sorprendente de la actitud fundamentalmente positiva hacia el trabajo. Es un trabajo que requiere amor y renuncia al ego. También tiene mucho que ver con el estado de flujo. Pensándolo bien, en Japón no hay motivo alguno para fabricar whisky. En el país no se cultiva cebada ni tienen turba. Sin embargo, los japoneses llevan décadas dedicados a la tarea de producir un whisky excelente, y en la actualidad hay algunos de renombre internacional y ganadores de varios premios. Algunos expertos en esta bebida llegan al extremo de incluir el japonés entre los cinco mejores whiskis del mundo, comparable al escocés, el irlandés, el bourbon y el canadiense.

Ichiro Akuto, por ejemplo, dirige unas instalaciones modestas con solo dos pequeños alambiques en las colinas de Chichibu. La familia Akuto lleva fabricando sake, la bebida tradicional de Japón, desde 1625. Fue en 2004 cuando decidió empezar a producir whisky. La nueva destilería se inauguró en 2007. El primer lanzamiento del único whisky de malta Chichibu fue en 2011. A pesar de esta entrada tan reciente en el competitivo mercado del whisky, el de Akuto ya es muy apreciado mundialmente y ha obtenido buenas críticas. La serie de las cartas de la baraja consistía en 54 whiskis de malta, cada uno con una etiqueta distinta: una carta de la baraja. Salieron a lo largo de un período de varios años. La colección completa alcanzó un precio que rondaba los cuatro millones de dólares en Hong Kong. El whisky de malta de Akuto, comercializado con el nombre e Ichiro's Malt, también alcanza precios elevados. Muchos consideran a Ichiro Akuto como la nueva estrella en ascenso en el mundo de la fabricación de whisky.

Seiichi Koshimizu, el *master blender* de Suntory, el

grupo cervecero y de destilados japonés, se ha dedicado al intrincado arte de dar con la mezcla perfecta durante muchos años. Ha sido responsable de la mezcla de marcas de calidad como la Hibiki, y ha ganado numerosos premios. Pero los frutos de su complicado trabajo a menudo solo se hacen evidentes décadas más tarde. Koshimizu, a sus sesenta y ocho años, puede que nunca llegue a ver los de su actual trabajo.

Es un hombre de costumbres autoimpuestas. Come exactamente lo mismo (sopa de fideos *udon*) todos los días, para no embotar la capacidad de degustación de su lengua. Su arma principal es su inquebrantable fiabilidad, tan inamovible como los barriles que permanecen en la bodega para que madure el whisky.

Una vez me explicó una interesante filosofía acerca de la mezcla del whisky. Me dijo que es imposible predecir la evolución de un barril determinado con los años. Incluso llenando con el mismo whisky barricas iguales de roble, madurará con diferentes sabores después de años de reposo. Según él, puede llegar a suceder que el carácter del whisky madurado en un barril concreto sea demasiado fuerte para disfrutarlo sin mezclar, mientras que mezclado con otros su carácter fuerte se diluye y puede dar un resultado altamente satisfactorio.

¿No es interesante que un whisky no lo bastante bueno contribuya a la calidad general si se lo mezcla con otros de distintas características? Es como la esencia misma de la vida. La compleja interacción entre los elementos de un organismo hace resistente y sostenible la existencia.

El interés de los japoneses por el vino es más reciente, pero vemos el mismo proceso de trabajo: muchos pequeños productores intentando producir un vino de calidad. Fabricar whisky y fabricar vino tiene algo en común: la importancia de trabajar pacientemente durante años, sin esperar una recompensa ni un reconocimiento inmediatos. Puede que a los japoneses esto se les dé bien gracias a su fuerte sentido del ikigai.

Mantenerse en estado de flujo es importante para hacer agradable el trabajo, pero, al mismo tiempo, hay que prestar atención a los detalles si se pretende mejorar su calidad.

Estar inmerso en el momento presente y obtener placer de ello, prestando atención al mismo tiempo al más mínimo detalle es la esencia del arte de la ceremonia del té. Es extraordinario que Sen no Rikyū, el creador de esta ceremonia en el siglo XVI, llegara a esta conclusión en el período Sengoku, cuando los señores de la guerra, los samuráis, libraban entre sí interminables batallas, con lo que debía tratarse de una época muy estresante.

La Tai-an, la única casa de té diseñada por Sen no Rikyū que se conserva, es pequeñísima: apenas caben en ella el maestro del té y unos pocos clientes. Se creó así a propósito, para que los guerreros samuráis, los principales clientes de la ceremonia del té, pudieran hablar en privado. Los samuráis tenían que dejar la catana en la entrada, porque las armas no cabían dentro, y no por casualidad. Incluso tenían que agacharse para entrar.

El concepto japonés de *ichigo ichie* (literalmente, «una vez, un encuentro») deriva de la tradición de la ceremonia del té. Lo más probable es que su creador fuera Rikyū. *Ichigo ichie* es la apreciación del carácter efímero de cualquier encuentro con personas, cosas o acontecimientos en la vida. Precisamente porque un encuentro es efímero hay que tomarlo en serio. La vida, después de todo, está llena de cosas que suceden solo una vez. La cualidad única de los encuentros y placeres de la vida fundamenta el concepto del ikigai y es el eje de la filosofía japonesa de la vida. Cuando tomas nota de los pequeños detalles, nada se repite. Cada oportunidad es especial. Por ese motivo, los japoneses se ocupan del más ínfimo detalle de cualquier ritual como si se tratara de una cuestión de vida o muerte.

La tradición de la ceremonia del té sigue muy viva hoy en día. De hecho, es interesante porque incluye los Cinco Pilares del ikigai. En una ceremonia del té, el maestro prepara cuidadosamente la habitación, prestando la máxima atención a detalles como el tipo de flores que van a decorarla (**empezar con humildad**). El espíritu de humildad es el sello distintivo tanto del maestro del té como de los invitados, aunque tengan muchos años de experiencia en la ceremonia (**renunciar al ego**). La loza usada en una ceremonia del té tiene décadas, a veces incluso siglos de antigüedad, y se elige para que las piezas resuenen entre sí dejando una impresión inolvidable (**armonía y sostenibilidad**). A pesar de la meticulosidad de los preparativos, el fin último de la ceremonia del té es estar relajado para disfrutar de los detalles sensuales (**el placer de las cosas pequeñas**) y mantenerse en un estado de atención plena interiorizando el cosmos del salón de té (**ser consciente del momento presente**).

Todo esto recuerda lo que sabemos acerca de la antigua idea japonesa del *wa*, a la que ya me he referido en el segundo capítulo. El *wa* es la clave para entender cómo la gente puede ahondar en su propio sentido del ikigai viviendo en armonía con los demás. Como he mencionado previamente, en la Constitución de diecisiete artículos del príncipe Shōtoku del año 604 se dice que «hay que valorar el *wa*». Desde entonces el *wa* ha sido una de las características definitorias de la cultura japonesa y uno de los ingredientes fundamentales del ikigai. En este sentido, el príncipe Shōtoku pude ser considerado uno de sus precursores.

Vivir en armonía con los demás y con el entorno es un elemento esencial del ikigai. Un experimento publicado por investigadores del Instituto Tecnológico de Massachusetts sugiere que la sensibilidad social es un factor determinante para el rendimiento de un equipo. El ikigai de cada individuo, en armonía con el del resto, promueve la creatividad con el libre intercambio de ideas. Apreciando y respetando las características individuales de quienes nos rodean, se materializa el «triángulo de oro» del ikigai, el flujo y la creatividad.

En estado de flujo, en armonía con los distintos elementos internos y externos, uno tiene la capacidad cognitiva de prestar atención a los detalles sutiles. Cuando uno está emocionalmente perturbado, o tiene una visión de la realidad muy sesgada, es incapaz de prestar la atención necesaria para apreciar todos los detalles importantes de las cosas que desequilibran la vida y el trabajo. La mejor calidad solo se puede lograr en estado de flujo, algo que Akuto y Koshimizu saben muy bien.

La incansable búsqueda de la calidad también resulta evidente en los bares japoneses, donde se consume el whisky. Est! es un bar legendario de Yushima, Tokio. El propietario es Akio Watanabe, que lleva sirviendo a su clientela casi cuarenta años. En mi humilde opinión, los mejores bares del mundo están en Japón. Sé que puede parecer tendencioso y absurdo, pero lo dice alguien que se crio en Tokio y ha viajado por todo el mundo. ¡He estado en unos cuantos bares!

Tuve la suerte de visitar el Est! cuando estudiaba en la universidad, recién cumplidos los veinte años, la edad a la que ya es legal beber. En cuanto entré en el bar, un poco nervioso, tuve que habituarme a todo un mundo nuevo. El Est! está decorado con los motivos típicos de un bar japonés, con un toque irlandés y escocés. Los estantes están llenos de botellas de whisky, ron, ginebra y otras conocidas bebidas.

En Japón, de un bar como el Est! se dice que es un «bar de tragos». No es fácil describir la atmósfera particular de uno de estos locales a quien nunca ha estado en uno. Por la elegancia de la clientela y la tranquilidad del ambiente se parece a una vinoteca. Por lo caro, tiene algo que ver con un *fern bar* estadounidense, aunque los clientes no necesariamente sean solteros ni yuppies ni esté decorado con muchas plantas de interior. El bar de tragos japonés es realmente un tipo de bar diferente. No hay nada igual en todo el mundo.

La elegancia con que Watanabe prepara los cócteles, el ambiente tranquilo, el modo en que escucha y responde a sus clientes, me resultaron inspiradores. Puede parecer un tópico, pero aprendí muchas lecciones valiosas acerca de la vida sentado a la barra de ese bar aquella noche, tomándome un whisky.

¿Cuál es el secreto de Watanabe? La búsqueda incesante de la calidad, el compromiso, el enfoque en los detalles sin esperar el reconocimiento. Durante muchos años no se tomaba vacaciones, solo una semana a principio de año y otra a mediados de agosto. El resto del tiempo estuvo de pie detrás de la barra del Est! Siete días a la semana, todo el año.

Presta atención a cada bebida que sirve, tomándosela muy en serio. Aunque el Est! es muy apreciado por sus clientes, entre los que hay actores, editores, escritores y profesores universitarios, Watanabe nunca ha buscado el reconocimiento social. Lo abochorna cualquier artículo y la atención de los medios. Por un comentario casual de un cliente sentado a mi lado en Est! me enteré de que Watanabe, en su juventud, una vez sirvió cócteles al legendario novelista Yukio Mishima. En los treinta años que he frecuentado ese lugar, Watanabe nunca me ha hablado de este encuentro extraordinario. Es esa clase de hombre.

He aquí un último y notable ejemplo de quienes hacen algo sin ninguna perspectiva de reconocimiento. Históricamente, la familia imperial japonesa tiene mucha cultura. Ha tenido un importante papel en el patrocinio de la ciencia y las artes. La música es fundamental para ellos. Los músicos que sirven a la familia aportan la música especial para los cientos de ceremonias y rituales celebrados en el Palacio Imperial todos los años. Las piezas tradicionales de música antigua y danza de la corte imperial se llaman *gagaku* y se interpretan allí desde hace más de mil años.

En una ocasión hablé con Hideki Togi, un famoso músico de la corte que interpreta *gagaku*. Es descendiente de la familia Togi, relacionada con los *gagaku* desde el período Nara (710-794), es decir, desde hace más de trece siglos. Me contó que los músicos de la corte tocan en muchas ocasiones, como en la conmemoración de los mil doscientos años de cierto emperador. Cuando le pregunté quién escuchaba esa música, me respondió simplemente que nadie.

Luego añadió: «Tocamos los instrumentos, cantamos y bailamos aunque no tengamos público, rodeados por la gran tranquilidad del Palacio Imperial. Tocamos por la noche hasta tarde. A veces, tenemos la sensación de que los espíritus de los emperadores fallecidos bajan del cielo, se quedan un rato con nosotros, disfrutan de la música y luego se marchan.» Togi dijo todo esto como si no tuviera nada de extraordinario. Al parecer, los músicos de la tradición *gagaku* dan por sentado lo de tocar sin público.

Su relato es una descripción muy poética, conmovedora incluso, del estado de flujo, del **ser consciente del momento** presente. Una vez alcanzado este estado de concentración dichosa, no hace falta el público. Disfrutas del instante y continúas.

En la vida, a veces confundimos las prioridades y lo que tiene sentido. Con demasiada frecuencia hacemos algo por la recompensa. Si la recompensa no llega, viene la decepción y perdemos el interés por el trabajo. Es un planteamiento completamente equivocado. Suele haber una demora entre la acción y la recompensa. Incluso haciendo un buen trabajo, el premio no está necesariamente a la vuelta de la esquina: el reconocimiento es estocástico, depende de muchos parámetros que escapan a nuestro control. Si conseguimos convertir el proceso de hacer el esfuerzo en nuestra fuente primaria de felicidad, entonces habremos superado el desafío más grande de nuestra vida.

Así que, interpretemos una pieza aunque nadie esté escuchando. Dibujemos cuando nadie esté mirando. Escribamos un relato corto que nadie leerá. La alegría y la satisfacción íntima serán más que suficientes para que sigamos adelante con nuestra vida. Si lo hemos logrado, entonces ya dominamos el arte de **ser conscientes del momento presente.**

CAPÍTULO 6:

El ikigai y la sostenibilidad

La concepción japonesa del ikigai ha sido siempre de reserva y autocontención; la armonía con los demás se considera de vital importancia. En un mundo donde las desigualdades económicas han llevado a un malestar social generalizado, tradicionalmente Japón ha permanecido como un país modesto, a pesar de su éxito económico. Durante mucho tiempo, la mayoría de los japoneses se consideraban de clase media. En los últimos años, con la desaceleración del crecimiento económico y el envejecimiento de la población, hay una conciencia creciente de que la desigualdad económica está aumentando, percepción que confirman varios parámetros. Sin embargo, el gasto extravagante de los ricos o el exhibicionismo de los famosos son relativamente raros en Japón, al menos en apariencia. Allí las celebridades son discretas; no hay Justin Biebers ni Paris Hiltons, aunque el país tiene su cuota de famosos a menor escala.

Frenar los deseos y ambiciones individuales puede tener consecuencias negativas. En comparación con el éxito mundial de empresas como Google, Facebook y Apple, las nuevas empresas en Japón han tenido un impacto relativamente pequeño en los últimos años. Tal vez el rango japonés de éxito y glamur sea demasiado estrecho para abarcar a los verdaderos transformadores a escala global.

Estrechamente ligado a la expresión moderada de la libertad individual y el éxito, a la reserva y la contención, encontramos uno de los valores más singulares de Japón: la sostenibilidad. Los japoneses no suelen anteponer la satisfacción de sus deseos individuales a la sostenibilidad de la sociedad y el medio ambiente. Al fin y al cabo, sin una sociedad y un medio ambiente sólidos y saludables, uno no puede alcanzar sus objetivos ni satisfacer sus ambiciones.

Como hemos visto, a nivel individual el ikigai es una estructura motivacional para mantenernos en marcha, para ayudarnos a levantarnos por la mañana y poner manos a la obra. En la cultura japonesa, además, tiene mucho que ver con estar en armonía con el medio ambiente, la gente que nos rodea y la sociedad en general, sin lo cual la sostenibilidad es imposible. El tercer pilar del ikigai, **armonía y sostenibilidad**, es quizás el rasgo más importante y desarrollado de la mentalidad nipona.

Veamos la relación de los japoneses con la naturaleza. Han hecho de la restricción de las necesidades individuales una forma de arte, una estética austera y una elegante autosuficiencia. El ideal japonés es la abundancia de belleza discreta, *wabi sabi*. La madera sin tratar de un mostrador de sushi es el ejemplo por excelencia. El aroma de la *hinoki*, la madera fragante usada en los baños, en combinación con las cáscaras de *yuzo*, un cítrico, es otro, y en este caso celestial. El propósito del baño no es solo lavarse, sino relajarse. Bañarse al aire libre en la naturaleza es muy popular, especialmente en las *onsen* (aguas termales). En las zonas urbanas, la introducción de la naturaleza en interiores para conferirles comodidad y un lujo simple, es muy común. Por ejemplo, en las paredes de los *sento* (baños públicos) suele haber pinturas del monte Fuji, un recurso artístico muy extendido.

Pasear por el bosque para respirar aire puro y el montañismo son aficiones populares que indican el respeto y el afecto por la naturaleza que sienten. Un jardín japonés está diseñado para ser estéticamente agradable y para crecer creando diferentes paisajes, dependiendo de la época del año.

Japón es la nación de la sostenibilidad. Y no solo rige la relación del hombre con la naturaleza, sino también la actividad de los individuos en el contexto social. Uno debe tener consideración por los demás y tomar en cuenta el impacto que sus actos pueden ocasionar a la sociedad en su conjunto. De forma ideal, toda actividad social debería ser sostenible. El espíritu japonés es intentar las cosas de un modo continuado pero sutil, en lugar de hacerlo de un modo llamativo para satisfacer a corto plazo las necesidades inmediatas. Así pues, cuando un japonés empieza algo en serio, probablemente seguirá haciéndolo durante mucho, mucho tiempo.

La de Japón es la monarquía hereditaria más antigua del mundo. El actual emperador, Akihito, cuyo reinado empezó el 7 de enero de 1989, es el 125 de la línea sucesoria. Muchas instituciones culturales son una herencia de siglos de antigüedad. El teatro musical clásico, el *noh*, el teatro *kabuki* y otras artes teatrales se llevan representando desde hace generaciones. Sin embargo, hay muchas otras familias antiguas que llevan la voz cantante en los diferentes aspectos de las tradiciones cultural y económica.

La expresión «negocio familiar» tiene un sentido histórico en Japón. Muchas familias son conocidas por su implicación en determinada actividad cultural y económica desde hace siglos. La familia Ikenobo, de Kioto, lleva dedicada al arte del *ikebana* (los arreglos florales) desde por lo menos 1462, según un documento histórico. Las familias Sen, también de Kioto, mantienen viva la ceremonia del té desde hace más de cuatrocientos años, desde la muerte del padre fundador Sen no Rikyū en 1591. Hay tres familias Sen, con decenas de miles de discípulos que practican la ceremonia del té por todo el país y en el extranjero. Toraya, una fábrica de dulces dirigida por la familia Kurokawa, lleva en el negocio casi quinientos años. Kongō Gumi, fundada en 578 por tres carpinteros espe cialistas en la construcción y el mantenimiento de templos, es la empresa más antigua del mundo que sigue en activo, con la familia Kongō al timón desde siempre.

En la cultura japonesa abundan los *memes* y las instituciones que implementan el ikigai como un motor para la sostenibilidad. Para entender cómo plantean ellos el ikigai hace falta comprender la anatomía de la sostenibilidad, el estilo japonés. Y esto es muy evidente en el santuario de Ise.

En un enorme y espeso bosque que cubre 5.500 hectáreas de la prefectura de Mie, en el oeste del país, se encuentra una de las instituciones más importantes del sintoísmo japonés, el santuario de Ise. Considerado el más sagrado de Japón, está dedicado a la diosa del Sol, Amaterasu, de quien, según laleyenda, desciende la familia imperial. Por lo tanto, Ise está estrechamente ligado a la Casa Imperial. El sacerdote principal es tradicionalmente un miembro de la familia imperial. Tanta importancia tiene el santuario que los líderes mundiales que asistieron a la cumbre del G7 en 2016 lo visitaron.

Se cree que allí se encuentra el espejo sagrado (*Yata no Kagami*), uno de los Tres Tesoros Sagrados de la familia imperial. Los otros dos son la espada (*Kusanagi*) y la joya (*Yasaka no Magatama*). Una *matagama* es una joya originaria de Japón, de jade, parecida a un feto humano por su forma. Cuando un nuevo emperador asciende al trono, los Tres Tesoros Sagrados se le transfieren como símbolo de dignidad y autoridad de la Casa Imperial. La existencia de estos tesoros sagrados no ha sido confirmada jamás. Nadie, excepto quizás el emperador, los ha visto.

Los japoneses modernos son laicos. Muchos visitan el santuario de Ise para rezar, pero eso no implica que crean profundamente en la doctrina sintoísta ni que la conozcan al detalle. La mayoría considera una visita al santuario como una experiencia cultural. El sintoísmo no es una religión con reglas y normas estrictas. Independientemente del contexto religioso, la tranquilidad del espeso bosque y la belleza serena de los edificios son inspiradores y reflejan la filosofía contemporánea de la relación del hombre con la naturaleza.

Uno de los aspectos más destacados del Ise y el más relevante para nuestra búsqueda del ikigai es posiblemente la reconstrucción periódica de las edificaciones. Hay dos ubicaciones alternativas para los santuarios interior y exterior. Cada veinte años, los edificios se desmantelan con sumo cuidado y se construyen otros exactamente iguales en otra parte, con madera nueva. Los de ahora se construyeron en 2013. La próxima reconstrucción será en 2033. Según los documentos existentes, este proceso de reedificación periódica lleva en marcha desde hace mil doscientos años, con alguna que otra interrupción debida a batallas o revueltas sociales.

Para poder reconstruir con exactitud los edificios hay que planificar minuciosamente muchas cosas. Por ejemplo, los *hinoki*, los cipreses japoneses, tienen que llevar sembrados muchos años para poder obtener de ellos las vigas de los edificios. Para ello, el santuario de Ise tiene viveros de *hinoki* repartidos por todo el país. Algunas vigas para el Ise deben tener una longitud que solo alcanzan las maderas de los *hinoki* de más de doscientos años.

Se usan técnicas especiales de carpintería. Por ejemplo, los edificios se construyen sin usar un solo clavo. Tener un equipo de hábiles carpinteros preparados para edificarlos es esencial para la sostenibilidad del Ise. Existe la teoría de que la reconstrucción del santuario cada veinte años se ideó para transmitir las técnicas y la experiencia necesarias de una generación a otra de carpinteros.

El de Ise es la culminación de decenas de miles de santuarios repartidos por todo Japón. Aunque son de menor tamaño y apariencia más modesta, la gente de la vecindad los respeta y se ocupa de su mantenimiento y conservación. En la actualidad, cerca de un centenar de sacerdotes sintoístas y quinientos miembros del personal se ocupan del funcionamiento del santuario de Ise. Además, hay personas que lo acen de forma indirecta, como carpinteros, artesanos, comerciantes y silvicultores. La organización y la armonía (de acuerdo con el *wa* del príncipe Shōtoku) de estas personas es otro aspecto importante de la venerable tradición de la sostenibilidad.

La concepción y el diseño del Ise son fruto de un genio indudable. Sus edificios son hermosos, exquisitos. Un famoso sacerdote budista, Saigyō (1118–1190), durante su visita al santuario escribió un *waka*, un poema tradicional, cuya traducción sería: «No sé qué reside aquí, pero mi alma se deshace en lágrimas en contacto con su divina serenidad.»

Su concepción y diseño son una cosa; su mantenimiento durante siglos, otra muy distinta. Los tiempos cambian. Los gobiernos vienen y van. Gente con habilidades y características diferentes se habrá ocupado de él. Es sencillamente un milagro que el santuario de Ise se haya mantenido en perfectas condiciones más de mil años.

Es importante destacar que el santuario no puede permitirse el lujo de depender de un personal excelente para su funcionamiento. Sus miembros tienen una reputación inmejorable de fiabilidad e ingenio, desde luego. Yo mismo conozco a varios; son realmente trabajadores modélicos, aplicados y muy aptos. Sin embargo, no se trata de eso. Sin un mecanismo integrado y fiable para asegurar su continuidad, el santuario de Ise no habría durado más de un milenio.

Imaginemos Apple en funcionamiento mil años después de la muerte de Steve Jobs; seguramente entonces empecemos a comprender lo arduo de la tarea. Internet ha cambiado el mundo, pero nadie sabe si perdurará a lo largo de las próximas décadas, menos aún si lo hará durante siglos. Los piratas informáticos, los fraudes, los provocadores y los flujos de información son solo unos pocos ejemplos de los problemas que tiene. La proliferación de noticias falsas en las redes sociales pone en peligro el sistema democrático. Hay, además, una verdadera preocupación acerca de la carrera cada vez más frenética por atraer la atención de la gente y hacerse con nuestro tiempo. Todos sabemos que varios servicios de internet, por ejemplo, Facebook, Twitter, Snapchat e Instagram, están convirtiendo nuestras horas de vigilia en un conjunto aleatorio de breves períodos de atención.

¿Cómo puede un individuo alcanzar la sostenibilidad en la vida a través del ikigai, con sus rasgos de personalidad únicos, en un mundo cada vez más obsesionado con las innovaciones? Por su excelente trayectoria, el santuario de Ise debe ser considerado un modelo de sostenibilidad. Evidentemente, la armonía es la clave de la sostenibilidad. La reserva y la humildad con que el personal del santuario realiza su excelente trabajo —que también sus predecesores han hecho durante tantos años— lo convierten en el *summum* de **la armonía y la sostenibilidad,** el tercer pilar del ikigai.

Hay otro santuario en el corazón de Tokio que constituye otro caso único de sostenibilidad. El santuario de Meiji, fundado en 1920, está dedicado al emperador Meiji (1852–1912), que desempeñó un papel crucial en la modernización de Japón. Lo visitan muchos turistas. La exposición de barriles de sake dedicados al santuario es particularmente famosa; la gente se hace *selfies* delante de la vistosa colección. Los visitantes cuelgan *ema* (placas de madera) con sus deseos escritos junto al edificio principal. Una prueba de la fama internacional de este santuario son las placas con inscripciones en varios idiomas expresando deseos de salud, felicidad y éxito académico o en los negocios.

En pleno centro de Tokio, los edificios del santuario están rodeados de un denso bosque de setenta hectáreas. Tanto a los tokiotas como a los turistas les gusta pasear entre los árboles de camino al santuario. Se puede tomar el té o comer en los restaurantes del tranquilo entorno boscoso.

En los terrenos del Meiji hay una colonia de azores.

Son el símbolo de la riqueza de este gran bosque del centro de Tokio, donde se han encontrado muchas especies poco conocidas. Paseando por allí uno tiene la sensación de estar respirando en un entorno natural ancestral. En realidad, el bosque es artificial. Fue concebido, planificado y plantado por botánicos, principalmente por Seiroku Honda, Takanori Hongo y Keiji Uehara.

Cuando se concibió el santuario de Meiji el terreno era yermo, sin arbolado. Los tres botánicos seleccionaron cuidadosamente las especies de árboles que iban a plantar. Basándose en su conocimiento de la ecología y de cómo la estructura de las especies de un bosque cambia con el paso del tiempo, elaboraron una predicción de cómo se desarrollaría el bosque hasta llegar a un estado de equilibrio. Se anunció el plan y gente de todo el país donó 120.000 árboles de 365 especies para conmemorar y rendir homenaje a ese emperador y señalar el final de una época.

En la actualidad, casi cien años después, el resultado es un tranquilo entorno natural donde relajarse y meditar.

El diseño de Honda, Hongo, Uehara y otros fue muy inteligente. No obstante, la conservación del bosque requiere otro trabajo igualmente importante. Debido a que se considera un área sagrada, el público no puede vagar libremente por él sino solo por los caminos indicados. Cada mañana el personal barre el sendero que conduce a los edificios. Apartan las hojas caídas con sumo cuidado y elegancia, algo digno de ser visto, una fuente de placer e inspiración para los espectadores. Luego, en lugar de llevárselas, las devuelven a la tierra, poniéndolas alrededor de las raíces de los árboles, para devolver los preciosos nutrientes al bosque. Con el tiempo, los hongos descomponen las hojas y los nutrientes vuelven a la tierra, contribuyendo a las próximas generaciones de plantas y hojas. Este respeto por el santuario ha contribuido, sin duda, a preservar la colonia de azores que anida en el bosque.

Los santuarios de Ise y de Meiji fueron muy innovadores en el momento de su creación. También son un modelo de sostenibilidad. El ciclo de reconstrucción del de Ise ha seguido ininterrumpidamente más de mil años. El de Meiji ya tiene cien años y no cuesta imaginar que seguirá tal como hoy, en las mismas condiciones de conservación, en los siglos venideros.

Nuestro ikigai no sería sostenible si no apreciáramos el esfuerzo de la gente corriente. Según la filosofía japonesa, lo que parece común y mediocre no es común ni mediocre en absoluto. Si la cultura japonesa prospera es gracias a las tareas más simples y humildes, a menudo perfeccionándolas al máximo. Sin esa filosofía de la vida, muchas cosas, desde la reconstrucción del santuario de Ise hasta la concepción y el mantenimiento del bosque de Meiji, pasando por el funcionamiento de los trenes bala o la maravillosa comida de los restaurantes de sushi, serían insostenibles.

Huelga decir que un sistema de valores basado solo en los mejores no se sostiene, porque alguien tiene que estar abajo para que alguien esté en la cima. En el mundo actual, donde los seres humanos se ven cada vez más obligados a competir en un contexto global, tenemos que considerar las implicaciones y consecuencias de esta obsesión por ser el ganador. Con una mentalidad ganadora se pueden conseguir grandes logros, pero esa misma mentalidad causa demasiado estrés e inestabilidad, tanto individual como social.

El problema es que forma parte de la naturaleza humana pensar en términos jerárquicos: ganadores y perdedores; líderes y seguidores; jefes y subordinados. Por eso hemos progresado hasta ahora como especie y por eso tal vez un día nos precipitemos a nuestra destrucción. El estudio del ikigai en el contexto de la expresión moderada del yo, teniendo en cuenta nuestro organismo, puede contribuir a un modo de vida sostenible

Esta manera de pensar está relacionada con el concepto tradicional del *wa*. Modular los deseos y necesidades de uno en armonía con el medio ambiente reduce los conflictos innecesarios. En otras palabras: ¡el ikigai es paz!

La sostenibilidad en esta vida es un arte que requiere ingenio y habilidad. Un hombre es como un bosque, un individuo conectado con otros y que depende de ellos para crecer. El hecho de que alguien haya vivido mucho es todo un logro, dados los altibajos de este mundo a menudo impredecible. Al fin y al cabo, en el largo proceso de la vida a veces tropezamos y caemos. Incluso en esos momentos podemos tener ikigai, incluso cuando estamos pasando una mala racha. Resumiendo: tenemos ikigai literalmente de la cuna a la tumba, pase lo que pase.

Así que imaginémonos en un bosque tranquilo. Respiremos profundamente. Luego consideremos lo que nos costaría mantener ese bosque.

Siempre que visito el bosque del santuario de Meiji escucho el hermoso murmullo de la sostenibilidad. El ikigai es a pequeña escala, paciente, rutinario y con visión de futuro.

CAPÍTULO 7:

Encuentra tu propósito en la vida

Como hemos visto, el ikigai tiene que ver con la sostenibilidad. Por extraño que parezca, el mundo del sumo es uno de los tesoros escondidos de la sostenibilidad de la vida.

El sumo es una forma tradicional de lucha libre cuya historia se remonta a la antigüedad. El sumo profesional surgió en los primeros años del período Edo, en el siglo XVII.

En Occidente se tiene la idea (errónea) de que es una batalla de empujones y puñetazos entre dos hombres gordos desnudos con un peinado gracioso y unos extraños trapos alrededor de la cintura. Es una imagen cómica y (quizá) despectiva. Naturalmente, esta antigua actividad atlética es algo más profundo. De lo contrario, la gente inteligente y sofisticada no se volvería loca por ese deporte y mucho menos dedicaría toda una carrera a él como atleta, como es el caso.

Por suerte, a medida que el sumo se va conociendo en el mundo y cada vez más turistas extranjeros visitan Japón para ver a los luchadores en acción, sus sutilezas van siendo apreciadas gradualmente por un público internacional más amplio.

Los Grandes Torneos de sumo se celebran seis veces al año, tres en el Ryōgoku Kokugikan, el Salón del Sumo de Tokio, y las otras tres en Osaka, Nagoya y Fukuoka respectivamente. Un Gran Torneo de sumo dura quince días, de domingo a domingo. Hay una clasificación de luchadores muy estricta, encabezada por el *yokozuna*, el gran campeón. El objetivo y el sueño de todo luchador es subir a lo más alto del escalafón, aunque muy pocos llegan a *yokozuna*. Uno de los primeros de los que se tiene constancia documentada fue Tanikaze, luchador desde 1789. Tenía un porcentaje de triunfos increíble, del 94,9 por ciento, superado solo por el de Umegatani, con un 95,1 por ciento (oh, sí, ya por entonces los japoneses llevaban la cuenta detallada de los combates de sumo).

Tanikaze no se retiró hasta 1795, año en que murió repentinamente de gripe. Muchos lo consideran uno de los mejores o incluso (aunque sea discutible) el mejor *yokozuna* de la historia del sumo.

A lo largo de trescientos años ha habido 72 *yokozunas*, de los cuales cuatro siguen en activo. En 1993, Akebono, de Hawái, se convirtió en el sexagésimo cuarto de la historia y en el primero extranjero. Desde el logro del pionero Akebono, ha habido otros cinco *yokozunas* no japoneses, incluido el gran Hakuhō, de Mongolia, que en estos momentos tiene en su poder el récord de 38 victorias en los Grandes Torneos.

Hay cinco categorías de luchadores de sumo. Un luchador de una de las dos categorías superiores es un *sekitori*. Aproximadamente solo uno de cada diez llega a *sekitori*. Lo normal es que haya unos diecisiete *sekitori* y cerca de setecientos luchadores en total.

Existe una diferencia abismal entre un *sekitori* y los luchadores de menor rango. Estos últimos no solo compiten, sino que también desempeñan la función de asistentes de los *sekitori*. Le llevan la ropa y las pertenencias al *sekitori*, que va con las manos vacías. Fuera del ring, los *sekitori* marcan tendencia, con una actitud despreocupada. Necesita aparentar que conoce la calle, tomárselo con calma. Nunca sudará cargando un equipaje pesado. Los luchadores más jóvenes lo acarrean y se ocupan de otras tareas pesadas. A un *sekitori* se le permite vestir *kimono*, mientras que los otros luchadores solo pueden llevar *yukata*, una sencilla bata como las que se usan después del baño. Así que no es de extrañar que todo luchador de sumo aspire a ser *sekitori*.

Dependiendo del rendimiento en los torneos, los luchadores son promovidos o degradados. El que obtiene más victorias, consigue una promoción. De lo contrario, se le degrada. La aritmética del sumo es así de simple. Es una situación clásica de juego en el que uno gana a expensas del otro. Cuantos más triunfos para uno, menos ganarán los otros. En el sumo, en esencia, el éxito de alguien y su promoción redunda directamente en el fracaso y la degradación de otro. El mundo del sumo está superpoblado; literalmente, para ascender hay que sacar a empujones a otros luchadores del círculo.

Para el que se queda en las filas inferiores, la recompensa económica es mínima. Tendrá comida y cama garantizados siempre y cuando permanezca en el *heya* (centro de entrenamiento), donde los que no son *sekitori* duermen juntos en una gran habitación. Sin embargo, casarse y mantener una familia es impensable, porque la vida de un luchador común se vuelve difícil con la edad. El éxito como luchador de sumo es tal vez uno de los más dulces sueños de los japoneses; el problema es que el sueño trae aparejada una elevada probabilidad de fracaso. Nueve de cada diez no lo consiguen.

En la página web del Arashio, un centro de entrenamiento, hay información acerca de las opciones de carrera de los luchadores. Después de afirmar con rotundidad que solo uno de cada diez llega a *sekitori*, plantea tres posibilidades para quien haya superado cinco años de formación:

1. Seguir como luchador. En tal caso, después de la ceremonia de felicitación por los esfuerzos realizados a lo largo de los cinco años, se le anima a continuar.

2. Estar indeciso y sentirse inclinado a continuar como luchador de sumo, pero reconociendo la ne-

cesidad de plantearse una segunda profesión. En este caso, el centro de entrenamiento le ofrece un período de reflexión de un año, durante el cual sopesará con el entrenador varias posibilidades mientras sigue entrenándose. Al cabo de ese año, puede tomar una decisión sobre su futuro.

3. Tener la sensación de que ya lo ha intentado bastante como luchador de sumo y desear iniciar una nueva etapa. En ese caso, el entrenador y los patrocinadores del centro de entrenamiento le buscarán oportunidades de trabajo. Mientras busca empleo, el luchador retirado podrá seguir en el centro por un período de hasta un año, con comida y alojamiento.

A continuación, en la página web pone con orgullo: «Teniendo en cuenta el esfuerzo extenuante que uno debe hacer para permanecer en un centro de entrenamiento de sumo, el luchador retirado tendrá el carácter y los recursos adecuados para iniciar una segunda carrera con éxito.»

Los luchadores de sumo pueden aspirar a muchos

otros empleos, a veces con ayuda de personas que tradicionalmente los apoyan (colectivamente llamadas *tanimachi*, por un área de Osaka de donde los simpatizantes son originarios). Por ejemplo, los luchadores retirados suelen abrir restaurantes en los que se sirve *chanko*, un plato especial que comen en el centro de entrenamiento para ganar peso. Uno particularmente famoso es el *chanko nabe*, un estofado con varios ingredientes nutritivos; un guiso de carne, pescado y verduras. Contrariamente a la creencia popular, comer *chanko* en pequeñas cantidades no conduce a la obesidad. Muchos antiguos luchadores han abierto restaurantes de *chanko* en Tokio y otras ciudades, con diferentes grados de éxito. El *tanimachi* proporciona el capital para comenzar el negocio y los simpatizantes frecuentan el restaurante regularmente. Existen otros trabajos para un luchador retirado, puesto que la opinión general es que alguien que ha aguantado el arduo plan de entrenamiento de un *heya* está preparado para desenvolverse en otros campos. Hay quienes han dejado el sumo para convertirse en quiroprácticos, empresarios, constructores, gerentes de hotel, monitores o incluso pilotos de avión.

En términos económicos, por lo tanto, tiene sentido renunciar al sumo y dedicarse a una carrera potencialmente lucrativa a fin de mantener a una familia. Sin embargo, muchos luchadores que no llegan a *sekitori* siguen con su carrera, aunque eso implique vivir con un salario mínimo y tener que llevar a cabo tareas extenuantes como asistentes.

El luchador de sumo con más antigüedad a partir de junio de 2017, Hanakaze, tiene cuarenta y seis años. Mide 1,82 metros y pesa 109 kilos. Lleva siendo luchador más de 31 años y ha competido en 186 Grandes Torneos con una actuación mediocre, pero no desastrosa (605 victorias y 670 derrotas). El rango más alto que ha alcanzado es el de dos categorías por debajo de *sekitori*. Actualmente está en el segundo rango más bajo. Teniendo en cuenta su edad y trayectoria, no es probable que llegue a *sekitori*. En una nación como Japón, en la que se tiene muy en cuenta la edad, y en un deporte en el cual la posibilidad de éxito disminuye rápidamente con ella, que Hanakaze continúe a pesar de todo se considera un acto de valentía.

El récord de Hanakaze es bastante respetable. Hattorizakura no ha tenido tanta suerte. En la actualidad tiene dieciocho años, mide 1,80 metros y pesa 69 kilos. Ha luchado en 11 Grandes Torneos, con el resultado de una victoria y 68 derrotas. Tiene el récord de derrotas consecutivas como luchador profesional. Llamó la atención de los medios cuando, en un combate, tenía tanto miedo de su rival, Kinjo, con fama de aplicar golpes duros, que tropezó deliberadamente y cayó al suelo, lo que en sumo se computa como una derrota. El aspecto juvenil e ingenuo de Hattorizakura, que sin embargo era luchador de sumo profesional, estimuló la imaginación de la gente y, paradójicamente, se convirtió en estrella por una noche. Huelga decir que, con sus pobres resultados, ha permanecido en la categoría más baja.

Nadie sabe cuánto tiempo Hattorizakura será capaz de continuar como luchador profesional y estará dispuesto a ello. Puede que renuncie cualquier día porque haya llegado a la conclusión de que no vale para este deporte. También cabe que se mantenga durante los próximos treinta años como Hanakaze. No hay ninguna regla en el sumo profesional que estipule que alguien tenga que dejarlo debido a su falta de rendimiento, por pobre que sea. Depende de cada luchador decidir si le gustaría quedarse en la competición, aunque aparentemente no tenga esperanza alguna de ascenso.

¿Por qué los luchadores como Hanakaze o Hattorizakura siguen a pesar de su bajo rendimiento? ¿Por qué prefieren continuar con un deporte que no los trata bien? En otras palabras, cuál es el ikigai de los luchadores de bajo rendimiento? Bueno, como aficionado al sumo, tengo una respuesta, o al menos una hipótesis: todo se debe a la magia del sumo. Se entiende esa magia si uno entra en el Salón del Sumo de Tokio cuando se celebra el Gran Torneo. Cuando te vuelves adicto al sumo, cuesta dejarlo. Psicológicamente tiene sentido hacer pequeños sacrificios personales para permanecer dentro de ese mundo maravilloso.

Por un lado, el sumo es un deporte serio, de contacto. Hay que entrenarse al límite. Hay que superar los miedos y embestir al oponente con determinación, una lección que el joven Hattorizakura aún tiene que aprender. Por otro lado, es una rica tradición cultural. Quien va por primera vez al Salón del Sumo se sorprende por la complejidad y riqueza de los largos preparativos que conducen a un combate de lucha libre. El promedio de duración de los combates es de solo diez segundos, y rara vez duran más de un minuto. En el Salón del Sumo uno pasa la mayor parte del tiempo apreciando la sutil poesía de las acciones de los luchadores, la dignidad de los *gyoji* (los jueces) y los movimientos coreografiados de los *yobidashi* (los ujieres), que invitan a los luchadores al ring llamándolos por sus nombres con mucha ceremonia. El sinsentido de aplastar hueso contra hueso combinado con la elegancia del ritual resulta embriagador.

La carrera de Satonofuji, un luchador que tiene actualmente treinta y nueve años, ha sido respetable y puede que incluso notable. Ha participado en 127 Grandes Torneos con el resultado de 429 victorias y 434 derrotas. Mide 1,71 metros y pesa 111 kilos, poco para un luchador de sumo. La categoría más alta a que ha llegado es la inmediatamente inferior a la de *sekitori*. Actualmente está en la segunda categoría más baja. A pesar de su modesto rendimiento, todos los aficionados al sumo conocen el nombre de Satonofuji y su torso corpulento pero fuerte. Y todo porque Satonofuji realiza la ceremonia del *yumitori-shiki* (arco que gira) al final de un día de combates de un Gran Torneo.

Según la tradición, la ceremonia del arco que gira puede realizarla un luchador del mismo centro de entrenamiento que un *yokozuna*. Satonofuji proviene del Isegahama, el mismo centro que el septuagésimo *yokozuna*, Harumafuji, de Mongolia. Una vez proclamado el ganador del último combate (normalmente con un *yokozuna*), se ruega a los espectadores que permanezcan en sus asientos para presenciar la ceremonia del arco que gira. Satonofuji sujeta y hace girar el arco de unos dos metros de longitud, a una velocidad y con una precisión increíbles, entre los aplausos del público. Finalmente, cuando se inclina y deja el círculo, las actividades de la jornada en el Salón del Sumo se dan por terminadas. Observando a Satonofuji realizar la ceremonia del arco que gira, uno se da cuenta de que este es quizá su mayor ikigai.

Hay una maldición: un luchador que realiza la ceremonia del arco que gira no puede llegar a *sekitori*. De momento, solo la han roto unos cuantos, muy pocos.

Sin embargo, para quienes admiran la destreza y la

elegancia de Satonofuji manejando el arco, su rendimiento en los combates importa poco. Más bien sienten que Satonofuji ha encontrado un nicho en el mundo del sumo, un papel que puede cumplir con alegría y orgullo, una parte del rico conjunto de tradiciones que es el sumo. Es apropiado que Satonofuji encuentre placer y alegría personal mientras hace girar el arco, porque la ceremonia se originó cómo una danza de gratitud por el luchador que gana el último combate del día. (Un luchador no expresa su alegría ni siquiera después de ganar un combate crucial, por respeto a su oponente, decepcionado por la derrota.) A pesar de que es poco probable que Satonofuji llegue más alto, será muy feliz hasta el final de su carrera porque cumple su papel haciendo girar el arco.

El del sumo es un sistema ecológico; puedes seguir participando en él activamente siempre y cuando encuentres algún nicho, aunque sigas perdiendo en los combates. Hanakaze, Hattorizakura y Satonofuji son héroes ignorados; tienen motivos para estar orgullosos, aunque no rindan lo suficiente para ser promovidos a *sekitori*.

El sumo es un ejemplo inspirador de la diversidad y

la robustez del ikigai. Nos dice que uno puede encontrar su ikigai incluso en un mundo donde las reglas que determinan el éxito y el fracaso son extremadamente estrictas. En muchos otros campos, el sistema para determinar la valía de alguien es sutil y se presta a más de una interpretación, de modo que uno puede incluso engañarse a sí mismo y creer que lo está haciendo bien. Los luchadores de sumo no pueden recurrir a este tipo de autoengaño. Sin embargo, eso no les impide tener su ikigai.

El ikigai de ser luchador de sumo depende de muchas cosas. Los Cinco Pilares, como en la ceremonia del té, están implícitos. **Empezar con humildad** ayuda, porque la preparación de un luchador se basa en técnicas de musculación muy concretas, como el modo preciso de mover los pies en el ring. **Renunciar al ego** hace falta para, siendo ayudante de un luchador de más edad, satisfacer las necesidades y los deseos de la persona a la que respeta y sirve. **La armonía y la sostenibilidad** son la verdadera esencia del sumo, un deporte tradicional con muchos rituales y costumbres destinados a mantener este rico sistema ecológico. **El placer de los detalles** abunda en el sumo, del sabor de los platos de *chanko* a los aplausos de los aficionados. Muchos luchadores dicen que **ser consciente del momento presente** es absolutamente necesario tanto en la preparación para el combate como durante el mismo, porque solo inmersos en el presente pueden aspirar al estado mental idóneo para rendir al máximo.

Todos estos pilares del ikigai, estrechamente interconectados, respaldan al luchador que no tiene mucho éxito o incluso fracasa en los combates. El ikigai en el mundo del sumo es muy democrático, aunque este deporte sea bastante despiadado e implacable.

No digo que el sumo sea el único deporte en aportar democráticamente ikigai a todos. El ballet clásico, por ejemplo, tiene una estructura democrática similar en lo que al ikigai se refiere.

Como conductor de un programa de radio, tuve ocasión de entrevistar a Manuel Legris, el bailarín francés que fue durante veintitrés años primer bailarín del Ballet de la Ópera de París. Cuando solo tenía veintiún años, el legendario bailarín Rudolf Nureyev lo nombró primer bailarín después de verlo en el papel de Jean de Brienne del ballet *Raymonda*. Posteriormente, Legris interpretó diversos papeles en ciudades como París, Stuttgart, Viena, Nueva York y Tokio. Actualmente es el director artístico del Ballet Nacional de Viena.

Durante la entrevista, Legris habló del papel del cuerpo de baile, los bailarines que danzan en grupo en un ballet, excelentes todos ellos. Es tremendamente difícil ser escogido para el cuerpo de baile de compañías tan prestigiosas como el Ballet de la Ópera de París, y ya no digamos llegar a primer bailarín. Legris decía muy convencido que el papel del cuerpo de baile es muy importante y que constituye una parte fundamental del espectáculo que se desarrolla sobre el escenario. De hecho, los bailarines de las últimas hileras tienen los papeles más importantes y se les exige mucho. Legris añadió que las primeras figuras tratan con simpatía al cuerpo de baile porque en algún momento de su carrera han formado parte de él.

Puede que el papel del cuerpo de baile sea importante artísticamente, pero sus integrantes no están bien pagados. Según un artículo del *New York Times* de 2011, el Ballet Joffrey de Chicago y el Ballet de Boston pagan de media un salario de 829 y 1.204 dólares semanales respectivamente a lo largo de la temporada de 38 semanas. El Ballet de Houston paga a sus bailarines 1.036 dólares semanales durante 44 semanas. Estos sueldos, aunque respetables, no son comparables con los que cobran las primeras figuras.

El salario, la carrera y los desafíos en el mundo del ballet son similares a los de los luchadores de sumo.

Como sucede a menudo en la vida, hay que aceptar lo que uno tiene y estar a la altura de las circunstancias. En términos biológicos, encontrar el ikigai en un ambiente o, de hecho, en cualquier ambiente, puede considerarse una forma de adaptación, sobre todo en lo que a salud mental se refiere. En cualquier ambiente es posible en principio tener ikigai, una razón de vivir, independientemente de lo bien que le vaya a uno.

No solo los triunfadores tienen ikigai. Tanto los que triunfan como los que no pueden tenerlo en igual medida en el sincronizado baile de la vida. Desde la perspectiva del ikigai, el límite entre el triunfo y el fracaso se vuelve cada vez más borroso. Al final no hay diferencia entre los que triunfan y los que no. De ser humanos, de eso se trata.

Muchos japoneses consideran que el ikigai es para los no triunfadores, o al menos para la gente corriente de todo tipo. No hay que estar en primera línea para tenerlo. De hecho, es posible encontrarlo en todos los niveles de la jerarquía competitiva. El ikigai es universal, está a disposición de todos para que lo reciba cualquiera que le preste atención.

Para tener ikigai hay que superar los estereotipos y escuchar nuestra voz interior. Y lo encontraremos, aunque el sistema político de nuestro país esté lejos de ser perfecto.

En el hermético estado de Corea del Norte, las coreografías de masas son esenciales en la vida cotidiana. Fueron ideadas en Alemania y desarrolladas en Japón como actividad gimnástica escolar. En la actualidad, se representan con regularidad y de un modo muy sofisticado en Corea del Norte.

El documental *A state of mind*, de 2004, del director británico Daniel Gordon, relata la experiencia de dos jóvenes gimnastas norcoreanas y sus familias durante su participación en la coreografía de masas de Pyongyang, en 2003, un acontecimiento que lleva celebrándose desde 1946. Más de ochenta mil gimnastas actúan en un gran espacio. Mediante su esfuerzo coordinado, crean las imágenes en movimiento más grandes del mundo.

En este formato de representación, los deseos y necesidades individuales se subordinan a los de la colectividad. Los participantes se entrenan durante mucho tiempo, un mínimo de dos horas diarias, para cultivar la mentalidad grupal. Aunque presenciando una de estas coreografías de masas se puede tener la impresión de que es el resultado de un colectivismo mecánico, los participantes son individuos con sus propios deseos y sueños.

En *A State of Mind*, una de las gimnastas que participa entusiasmada en la representación recuerda lo emocionada que estaba mientras actuaba delante del «general» (Kim Jong-il, hijo de Kim Il-sung, el fundador de la República Popular Democrática de Corea, y padre de Kim Jong-un, el actual líder supremo del Estado). Sus alegrías y ambiciones son bastante personales, aunque inmersas en el contexto social del país.

Viendo el documental uno se da cuenta de que, aunque la actuación puede ser colectiva y mecánica, los deseos y las alegrías que cada actor experimenta mientras participa son muy intensos y personales. He aquí la gran paradoja de la relación entre individuo y sociedad, que desde la perspectiva del ikigai no es tal.

Desde luego, es posible vivir en un estado totalitario y tener ikigai. Uno puede tenerlo aunque no haya libertad en su nación. Uno puede encontrar su ikigai independientemente del entorno particular en que se encuentre en determinado momento.

Los seres humanos poseen la capacidad de tener ikigai en cualquier circunstancia. Incluso en el mundo kafkiano de *El proceso* o *El castillo*, los protagonistas se las ingenian para tener ikigai; de hecho tienen un montón. Con apenas espacio para respirar y expresar su libertad, experimentan, sin embargo, pequeñas alegrías que les permiten seguir adelante con sus vidas. Por ejemplo, el protagonista de *El castillo* tiene mucho éxito con las mujeres, a pesar de que se esfuerza por salir del laberinto de un opresivo sistema burocrático.

Sin dejar el mundo de las artes, incluso se podría

encontrar el ikigai, irónicamente, en conseguir lanzar con éxito una bomba atómica que conducirá al fin del mundo. En *¿Teléfono rojo? Volamos hacia Moscú*, película de 1964 dirigida por Stanley Kubrick, T. J. Kong, comandante de un bombardero B-52, se obsesiona tanto con el lanzamiento de la bomba atómica que se mete en el compartimento donde está alojada para reparar el cableado. Cuando lo logra, se monta en ella como un vaquero en un toro de rodeo, gritando de alegría mientras se precipita a poner fin a la civilización humana.

Bueno, volvamos al mundo real.

¿Qué hemos aprendido? Que el ikigai es adaptación al entorno, sea cual sea este. Desde el sumo al ballet clásico, las personas que encuentran su ikigai obtienen placer más allá del valor simplista de las victorias y las derrotas. Tener ikigai contribuye a mejorar las circunstancias difíciles, independientemente de que lo sean.

Encontremos nuestro ikigai en los detalles. Empecemos con humildad. Seamos consciente del momento presente y, lo más fundamental, no culpemos al entorno de nuestra falta de ikigai. Al fin y al cabo, es cosa nuestra encontrar nuestro ikigai y hacerlo a nuestra manera.

En este sentido, el famoso cartel de la Segunda Guerra Mundial con el lema del Gobierno británico «No pierda la calma y siga adelante», bien podría ser para el ikigai. Quién lo hubiera dicho, ¿eh?

CAPÍTULO 8

Lo que no nos mata
nos hace más fuertes

Dos de los beneficios que aporta el ikigai son la resistencia y la capacidad de adaptación, ambas muy necesarias en los momentos trágicos. En la vida, ser adaptable es importante, sobre todo teniendo en cuenta lo impredecible e incluso caótico que se está volviendo el mundo.

En 2012 pronuncié una charla en el congreso TED de Long Beach, California. El tema era la adaptabilidad del pueblo japonés, un año después del gran terremoto y el tsunami que causaron más de quince mil víctimas en 2011.

En el momento del terremoto yo iba en el metro de Tokio. Nunca había notado un temblor semejante, y eso que soy de un país donde los terremotos son frecuentes. El metro se detuvo y volví a casa andando. Vi en mi smartphone, completamente incrédulo, el tremendo tsunami que arrasaba la zona de Tohoku. Fue una experiencia terrible.

Puse todo mi corazón en esa *TED talk*. Usé las imágenes de las oleadas del tsunami arrasando la ciudad de Kamaishi, haciendo ondear una bandera que me había mandado un pescador de la ciudad devastada como símbolo de valor y esperanza. Hablé de la capacidad de adaptación de los japoneses. Los pescadores tienen un dicho: «Debajo del barco está el infierno.» Cuando la Madre Naturaleza se enfada, no puedes hacer nada. A pesar de los riesgos, un pescador sale a mar abierto para ganarse la vida lo mejor que puede. A ese espíritu recurrió la gente de la zona golpeada por el terremoto y el tsunami, argumenté.

Japón es un país donde abundan las catástrofes naturales, y a lo largo de la historia ha sufrido muchas. Al igual que los pescadores después del terremoto y el tsunami, los japoneses han demostrado una gran capacidad de resistencia y adaptación tras cada una de ellas.

Las erupciones volcánicas son una importante causa de destrucción. En 1792, el monte Unzen entró en erupción. Un domo se hundió y desencadenó un mega tsunami que causó casi quince mil víctimas mortales. La última erupción del monte Fuji tuvo lugar en 1707 y duró dos semanas. Aunque no se registraron bajas, las cenizas volcánicas cubrieron una amplia zona y llegaron hasta Tokio (entonces se llamaba Edo), causando muchos daños en las tierras de cultivo.

Mil setecientos siete fue un *annus horribilis* para Japón. Cuarenta y nueve días antes de la erupción del monte Fuji, un gran terremoto seguido de un tsunami golpeó el oeste del país, dejando casi veinte mil muertos. El terremoto y la erupción del Fuji seguramente fueron su consecuencia. Más recientemente, el gran terremoto de Kantō de 1923, que sacudió los alrededores de Tokio, causó más de cien mil víctimas. La experiencia sirvió de ambientación para la película de Hayao Miyazaki *El viento se levanta* (2013). En 1959, el tifón *Ise-wan* o *Vera* provocó un corrimiento de tierras cerca de Nagoya en el que murieron más de cinco mil personas.

Dados estos antecedentes en lo que a catástrofes naturales se refiere, cuesta que un japonés no haya estado expuesto a las brutales fuerzas de la naturaleza en algún momento de su vida.

Aparte de las catástrofes naturales, las ha habido humanas. Tradicionalmente las casas japonesas se construyen de madera. Antes de que existiera la moderna tecnología ignífuga se incendiaban con mucha facilidad. Eso implica que ha habido varios grandes incendios que han sembrado la destrucción y la muerte a gran escala. En 1657, el Gran Incendio de Meireki, que según una leyenda muy conocida fue provocado por un incidente en el que estuvo implicado un kimono maldito, se extendió por una amplia zona de Edo. Avivado por el fuerte viento, el fuego ardió tres días, destruyendo el 70 por ciento de la capital y acabando con la vida de cien mil personas. La torre principal del castillo de Edo, residencia del *shogun*, ardió hasta los cimientos y nunca fue reconstruida durante el período Edo, que finalizó en 1867.

Los bombardeos de Tokio durante la Segunda Guerra Mundial fueron terribles. En particular, durante las noches del 9 y el 10 de marzo de 1945, en la llamada Operación Meetinghouse, centenares de bombarderos B-29 lanzaron bombas de racimo que esparcían napalm incendiario. El centro de Tokio quedó completamente destruido y hubo cien mil muertos. Fue particularmente trágico si se tiene en cuenta que eso sucedió menos de veintidós años después de la destrucción causada por el gran terremoto de Kantō, que en 1923 había arrasado completamente la misma zona.

En la actualidad, si uno se para en una bulliciosa calle de Tokio, se sorprende de no ver rastro alguno de la inimaginable destrucción infligida a la ciudad. Las zonas afectadas por los bombardeos de 1945 disfrutan de la misma paz y prosperidad que el resto de la capital. Esperemos que siga siendo así en el futuro.

¿De dónde sacan los japoneses las fuerzas para seguir adelante?

Algunos pueden encontrar una fuente de adaptabilidad en las normas sociales y la ética. La educación y el bienestar económico también desempeñan un papel importante, al igual que los lazos familiares y de amistad.

Este mensaje se enseña a una edad temprana en Japón. La *Shōnen Jump*, una revista semanal de *manga* publicada por Shūeisha, tiene una tirada de más de dos millones de ejemplares. A lo largo de los años, el exitoso semanario propone tres valores para definir el mensaje de las obras:

la amistad, la lucha y la victoria. Eligieron estos tres fundamentos de la vida a partir de los cuestionarios cumplimentados por estudiantes de cuarto y quinto de primaria. Los niños japoneses crecen muy conscientes de los valores importantes en la vida, y los diversos modelos de comportamiento para hacer frente a las dificultades y superarlas colaborando con los amigos les son inculcados por las obras de *manga*. Esto contribuye a que los niños japoneses tengan un sentido claro del ikigai (amistad, lucha y victoria en el caso de la *Shōnen Jump*) ya desde muy pequeños.

Sin embargo, es evidente que la religión tiene y ha tenido un papel importante en la capacidad de adaptación del país. Y es una religión peculiar.

Históricamente, el enfoque japonés de la religión se rige por la idea de los «ocho millones de dioses»; con esto se refieren, en realidad, a una infinidad de dioses. El pueblo japonés tiene la idea de que hay infinitas fuentes de significado e infinitos valores religiosos en la vida, en contraposición a la representación única de la voluntad de una deidad.

Hay una inmensa diferencia entre un único dios que

te dice lo que debes hacer y cómo tienes que vivir y el planteamiento japonés de los ocho millones de dioses. El dios único te dice lo que es bueno y lo que es malo, decide quién va al cielo o al infierno. En el sintoísmo, creyendo en ocho millones de dioses, el proceso de creencias es más democrático. El sintoísmo está basado en pequeños rituales para expresar la conciencia plena de la naturaleza y el entorno. Más que centrarse en lo que hay después de la vida, como hace buena parte del cristianismo, pone el énfasis en el momento presente y en cómo los seres humanos forman parte de una red de elementos que hacen del mundo lo que es. Los japoneses creen que estos distintos elementos, libres de las restricciones de las estrictas doctrinas religiosas, influyen en los aspectos prácticos y seculares de la vida, y la idea de los ocho millones de dioses es una especie de metáfora de esta filosofía.

Es importante saber que ha habido influencias externas. La conciencia plena que impregna la filosofía de la vida japonesa ha recibido la influencia de la tradición budista de la meditación, que promueve la mejora a largo plazo y el buen comportamiento. También hay un vínculo bastante sorprendente entre el ikigai y los valores descritos en el Eclesiastés, uno de los veinticuatro libros de la Biblia hebrea, donde se plantea la vida fundamentalmente como algo vano y fútil. Por eso el Eclesiastés recomienda encontrar placer en las pequeñas recompensas de la existencia, puesto que nos las da Dios, y debemos aceptarlas con humildad y apreciarlas, lo cual está muy en consonancia con la filosofía del ikigai.

También el confucianismo ha influido en la cultura japonesa, sobre todo en lo que respecta a cómo tiene que comportarse un seglar, la relación que debe haber entre el maestro y el discípulo y el respeto debido a los mayores. La idea de cambiar el mundo cambiando uno mismo, un punto en el que insiste la tradición zen japonesa, es la culminación de todas estas influencias.

En el mundo todo está relacionado y nadie es una isla.

Los japoneses dan por sentado que lo religioso influye en el contexto no religioso de la vida cotidiana. Aunque la mayoría no esté al corriente de los antecedentes históricos de este enfoque de la religión en apariencia frívolo, la idea de los ocho millones de dioses y el hecho de que los japoneses vean deidades en cuanto los rodea, de los seres humanos a los animales y las plantas, de las

montañas a los pequeños objetos de uso común, seguramente contribuyen a que así lo entiendan.

En las artes marciales, cualquier combate, ya sea de
sumo o judo, empieza y termina con una reverencia.
Como hemos visto, cuando un luchador de sumo gana
un combate no expresa abiertamente su alegría por respeto al derrotado. El que ha perdido, por su parte, asume
la derrota con elegancia. Los luchadores de sumo y judo
son buenos perdedores por definición, al menos en apariencia. Respeto mutuo, de eso se trata. Este es un ejemplo de cómo obtener placer y satisfacción haciendo las
pequeñas cosas adecuadamente, por un bien mayor.

Los japoneses aplican la filosofía de los ocho millones
de dioses no solo a los seres humanos y a los seres vivos
en general. Los objetos inanimados pueden tratar bien a
los humanos siempre y cuando les mostremos el debido
respeto. Sin embargo, si los descuidamos y los tratamos
con crueldad, puede que nos guarden rencor y se venguen.

En un antiguo pergamino japonés con cientos de
monstruos (*Hyakki Yagyō*) hay algunos objetos viejos
de la casa (como cuencos, escobas y ropa) que, convertidos en monstruos, desfilan por la calle. Antiguamente

se creía que los enseres podían convertirse en monstruos después de muchos años de uso, especialmente si los seres humanos no los trataban con respeto. Los enseres convertidos en monstruos a veces reciben el nombre de *tsukumokami*, «dioses de noventa y nueve» (noventa y nueve años, simbólicamente mucho tiempo). Por lo tanto, hay dioses en los objetos del hogar. En la actualidad, esta idea sigue formando parte inconscientemente de las creencias de muchos japoneses.

El concepto japonés de dios como ocho millones de dioses nada tiene que ver con la idea occidental de Dios. Cuando un japonés dice que cree que hay un dios en un objeto de la casa, lo que expresa es la necesidad de tratar con el debido respeto ese objeto, no que Dios, creador de todo el universo, esté milagrosamente encapsulado en ese pequeño espacio.

Las actitudes se reflejan en los actos. Alguien que cree que hay un dios dentro de un objeto enfoca la vida de manera muy diferente a quien no lo cree. Las creencias pueden manifestarse en diversos grados en los actos cotidianos. Habrá quienes expresen sus creencias en un dios de las cosas pequeñas, mientras que otros pueden respetar y tratar los objetos cuidadosamente sin creer necesariamente que haya dioses en su interior. No es infrecuente ver a los manipuladores de equipaje y al personal del aeropuerto hacer una reverencia y despedirse de los aviones que despegan, una escena bastante normal para muchos japoneses, pero fuente de asombro para numerosos extranjeros.

En opinión de un japonés típico, la vida es más un equilibrio entre muchas cosas pequeñas que algo dictado a partir de una doctrina unificadora. Aunque esta ligereza con la religión puede escandalizar en algunas sociedades, para un japonés es bastante natural tener una cartera de motivos religiosos. Desde el punto de vista nipón, los temas religiosos son bienvenidos siempre y cuando contribuyan a la diversidad de una base laica para la vida.

La importancia de los valores laicos frente a los estrictos sistemas de valores religiosos es un aspecto importante del modo de vida japonés, que tiene mucho que ver con una firme construcción del ikigai. Los japoneses, incluso cuando expresan lealtad a alguna organización religiosa, pocas veces lo hacen con rigor, excepto si se trata de otras religiones. No es raro que un japonés visite el santuario sintoísta el día de Año Nuevo, celebre la Navidad con un amante, se case según la ceremonia cristiana y asista a un funeral budista. No lo consideran una incongruencia. En los últimos años, para muchos japoneses, Navidad, Halloween y Semana Santa son festividades para salir, ir de compras y pasar un buen rato. En otras palabras, los japoneses asimilan estas tradiciones religiosas extranjeras al contexto de los ocho millones de dioses.

En el pasado, esta «flexibilidad» fue criticada como falta de una verdadera fe religiosa. Sin embargo, vista la actual situación mundial, en que personas de diferentes religiones afrontan consecuencias trágicas, la mentalidad japonesa, aparentemente frívola, sería recomendable. La búsqueda del estilo japonés de un ikigai propio, con toda una gama de valores, puede contribuir a la paz mental en un mundo donde los extremismos abundan.

Eso no significa que Japón haya sido completamente inmune a los conflictos religiosos. A lo largo de la historia, ha habido brutales opresiones religiosas, especialmente cuando la religión entraba en conflicto con los valores laicos. En 1571, por ejemplo, en una serie de acontecimientos conocidos como «el asedio al monte

Hiei», el señor de la guerra Nobunaga Oda (que se suicidó en el templo de Honnō-ji, destruyendo de paso el cuarto cuenco estrellado como se describe en el tercer capítulo) incendió cientos de templos y mató a más de veinte mil monjes y laicos. Algunos historiadores afirman que esta atrocidad, efectivamente, impidió que los cultos religiosos tuvieran el poder de eclipsar el modo laico de vida japonés.

El cristianismo fue llevado a Japón por varios misioneros, entre ellos Francisco Javier (1506-1552), el primero que llegó a sus costas en 1549. Al principio, los samuráis acogieron con beneplácito la religión y la cultura recién llegadas, con su exótico sabor. Hubo incluso algunos casos destacados de samuráis convertidos al cristianismo. Después de un período de luna de miel, Hideyoshi Toyotomi, un poderoso señor de la guerra, prohibió el cristianismo en 1587 y otra vez en 1596. La prohibición tenía muchos cabos sueltos y algunos misioneros continuaron con sus actividades en Japón.

Cuando se le da a elegir entre dedicarse a un único principio o a diversas ideologías, un japonés típico escogerá la segunda opción. Esto ha contribuido a que la nación asimile muchas cosas nuevas del extranjero, a falta de tabúes que frenen la curiosidad de la gente. Por otro lado, al buscar el equilibrio de los detalles cuesta ser fiel a un solo principio. En el largometraje de Martin Scorsese *Silencio*, adaptación de la obra maestra de Shūsaku Endō, el jesuita el padre Rodrigues, que apostata cediendo a las presiones de los funcionarios del shogunato, compara Japón con un «pantano» donde nada arraiga. Añade que, incluso si el cristianismo parece aceptado, es diferente del original tras ser modificado y asimilado a la manera japonesa. En una tierra de ocho millones de dioses, el concepto cristiano de un Dios podría ser difícil de aceptar.

Llamar «pantano» a Japón puede considerarse despectivo, pero no lo es necesariamente. El desprecio forma parte de los prejuicios del observador, no de la naturaleza de lo observado, en este caso el pantano. Un pantano es un sistema ecológico rico en el que prosperan muchos microorganismos. La vida en este planeta seguramente se originó en un entorno similar a un pantano. En nuestro intestino, que en los últimos años se ha demostrado que desempeña un importante papel en el sistema inmunológico, hay un rico sistema de microorganismos indispensable para que estemos sanos.

El ikigai de cada cual es como un pantano si tiene suficiente diversidad y profundidad. En resumen, hay gloria en un pantano. Incluso podría haber ocho millones de dioses.

Preguntémonos lo siguiente: ¿cuáles son las pequeñas cosas del pantano de nuestra mente que nos permitirán superar un mal momento? Quizá sean los elementos en que deseemos centrarnos y que nos conviene tener muy presentes.

CAPÍTULO 9

El ikigai y la felicidad

Existe la creencia popular, justificada hasta cierto punto, de que el asalariado japonés es un modelo de entrega y devoción. El término *karoshi*, cuyo significado literal es «muerte por exceso de trabajo», ya forma parte del léxico internacional. Sin embargo, la antigua devoción incuestionable por la empresa en que se trabaja se ha vuelto inaceptable, incluso en un país como Japón.

Todos sabemos por intuición que el estricto cumplimiento en el trabajo de lo que una organización exige no nos da necesariamente la felicidad. Para tener un ikigai fuerte, hay que mantener un equilibrio entre el trabajo y la vida privada. A Japón han llegado nuevas oleadas de formas distintas de ikigai, por ejemplo, asalariados que dejan la empresa para la que trabajan y empiezan a ganarse la vida por su cuenta, o padres de familia que se ocupan de las tareas domésticas mientras sus esposas trabajan. Son muestras de la tendencia mundial a trabajar por cuenta propia. Al mismo tiempo, esta tendencia en alza tiene en Japón algunas características peculiares.

Por ejemplo, *datsusara* consiste en que un asalariado, normalmente un oficinista, decide abandonar la vida segura pero aburrida como empleado para dedicarse a lo que le apasiona. Etimológicamente, *datsu* significa «salir» y *sara* es la abreviatura de «asalariado». A veces, dependiendo de la situación económica, uno se ve forzado a ello porque lo despiden. Sin embargo, eso era relativamente infrecuente en Japón, donde cuando se consigue un trabajo suele conservarse hasta la jubilación. Existen numerosas formas de *datsusara*: regentar un bar o un restaurante, hacerse granjero o artista, etc. Una característica común de estas ocupaciones es que suelen ser ejemplos de ikigai ampliado. El antiguo empleado que desea ganarse la vida haciendo algo que lo apasiona, algo que encuentra interesante y satisfactorio.

Eso de que uno pueda tener ikigai fuera del ámbito del trabajo guarda relación con el *datsusara*. Es de todos sabido que los luchadores de sumo, obligados a dedicarse plenamente a entrenarse para su deporte, tienen diversas aficiones, como cantar en un karaoke o pescar, que los ayudarán en cualquier cosa a la que se dediquen al dejar el sumo. Desde luego, dedicarse a una actividad «extracurricular» como fuente de placer en la vida no es algo exclusivamente japonés.

En la ya legendaria serie de televisión británica *Father Ted*, cada uno de los personajes principales tiene su propia razón de vivir aparte de cumplir con las respectivas obligaciones del trabajo. La comedia, que se ha convertido en un clásico, cuenta la cómoda vida en común de tres sacerdotes católicos y su ama de llaves en una casa parroquial de la ficticia isla de Craggy. Al padre Ted Crilly le interesa mucho ganar dinero y obtener reconocimiento social, el padre Dougal McGuire trata de tomarse las cosas con calma, mientras que el padre Jack Hackett es un alcohólico. La señora Doyle es muy aficionada a servir el té, tanto que se queda toda la noche en el salón por si alguien quiere una buena taza en plena noche. El guion, escrito por Graham Linehan y Arthur Mathews, describe las azarosas aventuras desencadenadas por las idiosincrasias de estos personajes.

Aunque no lo digan, las aficiones de los personajes de *Father Ted* contribuyen a su ikigai. En uno de los episodios, Ted es adicto al tabaco, Dougal a patinar y Jack a beber. Les cuesta mucho renunciar a estos hábitos, pero nunca se plantean dejar el sacerdocio, algo que no les impide dedicarse a sus pasatiempos favoritos.

Aunque sea una obra de ficción, *Father Ted* sirve para demostrar algunos aspectos de lo que implica el ikigai. En primer lugar, no tiene que estar directamente relacionado con la vida profesional de uno. La razón de vivir de los tres sacerdotes católicos no tiene nada que ver con sus obligaciones sacerdotales (aunque es justo decir que no tienen ninguna). En segundo lugar, una razón de vivir puede ser algo agotador e innecesario desde el punto de vista de otra persona. Aunque servir el té sea engorroso, la señora Doyle simplemente no soporta la idea de ser relevada de su tarea. En un episodio, el padre Ted se presenta con una cafetera nueva para ella, que, resentida, se propone destruir la costosa máquina cuando nadie la vea para seguir disfrutando de la desgracia de tener que preparar el té.

A pesar de que los personajes de *Father Ted* son una caricatura, podemos comprender su ikigai personal, aunque resulte cómico.

Los japoneses, como siempre, son peculiares en lo que a pasatiempos se refiere. Debido a que los empleados de las empresas japonesas modernas a menudo no se sienten satisfechos con el trabajo que realizan, Japón es un país de aficionados a actividades sin relación con el trabajo diario. Disfrutar de las aficiones a lo grande es en cierto sentido un caso exagerado de **obtener placer con las pequeñas cosas**. La gente disfruta de una sensación de logro cuando ve una tarea terminada. Si con la actividad se produce algo de valor, el disfrute de ese producto final es la satisfacción de haber hecho algo valioso; por ejemplo, comer las verduras del huerto que uno mismo ha cultivado. La satisfacción proviene del hecho de crear algo de principio a fin, el placer se disfruta tanto durante el proceso como con el resultado.

Es increíble la cantidad de gente que dibuja *manga* y

vende su obra los fines de semana en los *comiket* (mercados del cómic). La participación en un *comiket* es un ejemplo buenísimo de ikigai.

Aunque podrían considerarse *comiket* las innumerables convenciones similares dentro (y estos días también fuera) de Japón de los fans del cómic, la más grande, el *comiket* con mayúscula, se celebra dos veces al año (en agosto y diciembre) en el Tokio Big Site, el Centro de Exposiciones Internacional de Tokio, un complejo de salas de exposiciones situado en la zona en desarrollo de Odaiba, Tokio. El centro presume de su aspecto futurista parecido al de un robot y, como sede del Comiket, es un destino de culto para los fanáticos del cómic. Desde la humilde primera reunión de 1975, con solo 600 asistentes, el Comiket se ha convertido en un gran evento de aficionados y medios de comunicación con cien mil participantes cada año. Hasta la fecha, es la convención más grande de este tipo que se celebra en el mundo, seguida por la San Diego Comic-Con Internacional, que atrajo a alrededor de 16.700 asistentes en 2015. Por su parte, en el Comiket de invierno de 2016 hubo 550.000 asistentes.

Los participantes en el Comiket venden *dōjinshi*, historietas *manga* autoeditadas, y objetos relacionados con ellas. Los vendedores son los llamados «círculos». En una convención típica puede haber unos 35.000 círculos. Como el espacio es limitado, se lleva a cabo una selección estricta y un sorteo para determinar qué círculos pueden participar. La tasa de los que participan finalmente es de entre el 50 y el 70 por ciento del total.

Un vendedor paga unos cien yenes por un estand de 90 × 45 cm. Un espacio pequeño, pero, para los esperanzados vendedores y los ansiosos compradores, de ese espacio están hechos los sueños. No es frecuente, pero un vendedor del Comiket puede abrirse camino en el competitivo mercado profesional. En una subasta, un *dōjinshi* popular y del que existan pocos ejemplares puede alcanzar un precio diez veces e incluso cien veces superior al que tenía en el Comiket. La mayor parte de los círculos, no obstante, se contentan con vender un pequeño número de *dōjinshi*. Algunos tienen fans que entran en tromba en cuanto se abren las puertas por la mañana.

La organización corre a cargo de aficionados voluntarios. En una convención típica colaboran con eficacia unos tres mil voluntarios. Un documental de la NHK de 2015 muestra cómo los voluntarios colocan unas seis mil mesas para los estands en una hora, ejecutando una impresionante coreografía.

Aparte de por las ventas de *dōjinshi*, el Comiket se ha hecho famoso por otra actividad. Se trata del *cosplay*, el juego de disfraces, cuyos participantes, los *cosplayers*, se disfrazan de personajes famosos de *anime* o *manga* y posan en sesiones de fotos improvisadas. Los *cosplayers* llegan al Centro de Exposición Internacional vestidos de calle (al fin y al cabo, personajes como Bola de Dragón o Naruto no pueden ir en metro sin llamar indeseadamente la atención, incluso en Tokio) y se ponen el disfraz una vez a salvo en el solidario refugio del Comiket. En una convención típica se estima que puede haber unos 27.000 *cosplayers*, es decir, un 5 por ciento de los asistentes.

Los *cosplayers* hacen esfuerzos increíbles para transformarse en el personaje de sus sueños. ¿Por qué? Una chica entrevistada en el documental de la NHK decía que ella disfrutaba de la transformación que experimentaba durante el *cosplay*. Por lo tanto, una chica trabajadora y reservada puede convertirse en objeto de atención y admiración para los fans cuando se transforma en el personaje de *anime* de su elección.

El Comiket se está convirtiendo en un evento de carácter internacional. En 2015, un 2 por ciento de los visitantes eran extranjeros. Se espera que esta cifra aumente en los próximos años. Hay voluntarios políglotas en el centro que ayudan a los visitantes de otros países. En la página web del Comiket hay instrucciones en cuatro idiomas: japonés, inglés, chino y coreano. Medios de comunicación como la CNN y la BBC ya han cubierto la convención. El vídeo que muestra la sensata calma y la tremenda disciplina con la que la multitud espera pacientemente entrar en el salón del Comiket ha causado sensación internacionalmente.

A pesar del creciente interés mundial, muchas características del Comiket siguen siendo muy japonesas. Un estudio de los valores y pautas de comportamiento de los participantes en el Comiket revela una interesante gama de principios morales y costumbres pertenecientes a la filosofía del ikigai.

El incentivo que mueve a los participantes es la tarea

en sí misma más que la recompensa económica o el reconocimiento social. Cierto que un *cosplayer* con éxito atrae mucha atención durante la convención. Sin embargo, eso no se traduce automáticamente en una mejora profesional ni en dinero caído del cielo. Un *cosplayer*, tras disfrutar de sus quince minutos de fama en el Comiket, no deja su trabajo.

Participar en el Comiket aporta un sentido del ikigai de un modo muy japonés. Por ejemplo, no hay un *star system*. A todos los participantes se les presta la misma atención y se los aplaude por igual, aunque, naturalmente, varía la cifra de ventas y la cantidad de fans. No se entrega premio alguno y cada vendedor, cada círculo, recibe el mismo espacio de 90 × 45 cm para exponer su obra.

La organización del Comiket indica que el ikigai puede asociarse con una sensación general de felicidad. De hecho, el ikigai tiene mucho que ver con nuestra idea de felicidad. Todos queremos ser felices, y se es más feliz si se tiene ikigai. Cómo se percibe la felicidad es una cuestión científica destacable y también un asunto de interés práctico.

La gente tiende a creer que hacen falta determinadas condiciones para ser feliz. En una hipotética fórmula para la felicidad hay que poseer o tener acceso a varias cosas, como estudios, trabajo, pareja y dinero. En realidad, los estudios científicos indican que hay pocas cosas en la vida de una persona absolutamente necesarias para que esta sea feliz. Por ejemplo, en contra de la creencia general, tener mucho dinero no da la felicidad. Claro que necesitamos el suficiente para vivir bien, pero, aparte de eso, con el dinero no se compra la felicidad. Tener hijos tampoco nos hace más feliz necesariamente. El matrimonio, el estatus social, el éxito académico... todas estas cosas que suelen considerarse imprescindibles para alcanzar la felicidad tienen poco que ver con la felicidad *per se*.

Los investigadores han estudiado un fenómeno llamado «efecto foco». Las personas tendemos a considerar necesarias ciertas cosas para ser felices que no lo son. El efecto foco consiste en que alguien puede centrarse en un determinado aspecto de su vida tanto que llega a creer que toda su felicidad depende de dicho aspecto. Para algunos el matrimonio es un prerrequisito para la felicidad y serán desgraciados mientras sigan solteros. Otros se quejan de que no son felices porque no tienen bastante dinero, y otros están convencidos de que no lo son porque no tienen el trabajo adecuado.

Con el efecto foco crea uno mismo su razón para ser desgraciado. Si la desgracia es un vacío en el cual falta el elemento necesario, ese vacío está creado por un sesgo cognitivo del sujeto.

No existe una sola fórmula para la felicidad. Cada condición puede servir como base para la felicidad, a su propio y único modo. Uno puede ser feliz casado y con hijos, o casado sin hijos. Serlo estando soltero, sin tener un título universitario o teniendo uno. Puede ser feliz estando delgado o con sobrepeso. Puede ser feliz viviendo en un clima cálido como el de California y también viviendo en Montana, donde los inviernos son muy duros. Un luchador de sumo puede ser feliz cuando llega a *yokozuna* o siendo un luchador de categoría inferior que se ocupa de tareas rutinarias, pero sin rendirse jamás.

En pocas palabras, para ser felices, tenemos que aceptarnos. Aceptarse es una de las cosas más importantes y difíciles de lograr en esta vida. Y al mismo tiempo, aceptarse es una de las cosas más fáciles, sencillas y gratificantes que podemos hacer por nosotros: una fórmula de bajo coste y sin mantenimiento para ser feliz.

La revelación es que, paradójicamente, aceptarse uno tal como es implica **liberarse**, sobre todo si uno se aferra a un yo ilusorio que considera deseable. Hay que dejar ir ese yo ilusorio para aceptarse y ser feliz.

En la obra de Maeterlinck *El pájaro azul*, una chica llamada Mytyl y su hermano Tyltyl emprenden un viaje en busca de la felicidad. Piensan que el pájaro azul de la felicidad se encuentra en otro lugar. A pesar de sus esfuerzos, no lo encuentran en ninguna parte. Decepcionados, regresan a casa. Y se sorprenden al encontrar el pájaro azul de la felicidad precisamente allí, gorjeando. De hecho, el pájaro azul había estado en su casa todo el tiempo. ¿Qué significa eso?

En 1996, unos investigadores italianos publicaron un gran descubrimiento en neurociencias. Estudiando el cerebro de un mono descubrieron por casualidad que unas neuronas se activaban cuando el mono hacía algo y que, si veía a otros hacer eso mismo, volvían a activarse. Son las neuronas espejo.

También se han encontrado neuronas espejo en el cerebro humano. Ahora creemos que estas neuronas están relacionadas con varios aspectos de la comunicación, incluidas las suposiciones que hacemos acerca de lo que piensa otra persona. Las neuronas espejo son esenciales cuando nos comparamos con los demás, un paso necesario para darnos cuenta de la clase de persona que somos.

El espejo del baño refleja nuestro aspecto físico. En cambio, para conocer nuestra personalidad necesitamos la de los demás. Solo entendiendo las similitudes y diferencias entre nosotros y los demás podemos alcanzar una idea realista de nuestro carácter.

Lo mismo les sucedió a Mytyl y Tyltyl. Solo después de viajar por el mundo y de compararse con los demás llegaron a entender su verdadera naturaleza. Solo entonces pudieron aceptarse tal como eran. La fábula del pájaro azul de la felicidad nos enseña que solo podemos encontrarla dentro de nuestro ser único. La hierba puede parecer más verde fuera, pero solo es una ilusión.

Los que van al Comiket e interactúan con otros en

pie de igualdad lo saben. Van al Comitek en busca del pájaro azul de la felicidad. Y encuentran lo que buscan, no fuera, sino dentro de sí. Después de disfrutar siendo un personaje fantástico de *anime* en el *cosplay*, se quitan su alegre atuendo y recuperan su propio yo.

CAPÍTULO 10

Aceptémonos tal como somos

Tomizo Yamaguchi es el actual propietario y director de la conocida marca japonesa de dulces Suetomi. La empresa lleva fabricando pastas para la ceremonia del té y otros eventos desde 1893.

Según Yamaguchi, a cada dulce en forma de flor le dan una forma y un color ligeramente diferentes, y no porque los reposteros sean torpes e incapaces de obtener siempre el mismo resultado. De hecho, elaboran las pastas una a una y las diferencias son deliberadas porque en la naturaleza no hay ninguna flor exactamente igual a otra.

La industria moderna se rige por el principio de que sus productos deben tener las mismas cualidades en la medida de lo posible. Por ejemplo, en la fabricación de un coche, las piezas mecánicas y electrónicas producidas a millares tienen que ser copias idénticas con las mismas propiedades exactas. En caso contrario, la precisión del montaje de coches sería imposible.

Este enfoque no sirve para las criaturas de la naturaleza, incluidos los seres humanos. Si miramos alrededor, cada persona es diferente. Incluso los gemelos idénticos desarrollan una personalidad distinta. Solemos creer que los individuos pertenecientes a un mismo grupo étnico son todos iguales. Sin embargo, cuando nos fijamos bien, empezamos a notar las diferencias individuales.

Como Yamaguchi acertadamente comentaba, la variedad es una de las principales marcas distintivas de la naturaleza. Hacer cada dulce ligeramente diferente es en realidad ser muy realista. Debido al importante papel desempeñado por las influencias culturales y el aprendizaje, los seres humanos son incluso más diferentes que las flores, las hojas u otros seres vivos de la naturaleza. No conviene tratar de ser como los demás, aunque nos insistan para que lo seamos. Por lo tanto, hay muchas razones para relajarse y ser uno mismo.

El proverbio japonés *junin toiro*, «diez colores diferentes para diez personas distintas», significa que existen muchas diferencias de personalidad, sensibilidad y valores entre la gente. Buscando nuestro ikigai podemos ser nosotros mismos tanto como queramos. Es natural que lo seamos, porque cada uno de nosotros tiene un color ligeramente diferente.

La apreciación de la diversidad parece ir contra la creencia de que Japón es un país cultural y étnicamente más o menos homogéneo. El Gobierno impone restricciones estrictas a la inmigración. Ver a los empleados en un tren de cercanías, con los encargados de la estación tratando de empujar a la manada dentro de los vagones, parece lejos de la idea del respeto por la individualidad. Persiste la imagen estereotipada de la vida matrimonial y familiar y se ha tardado en adaptar la legislación para tratar con igualdad a todos los géneros y a las minorías sexuales.

Es cierto, desde luego, que los japoneses tienden a pensar que la suya es una nación unificada. Con la globalización, la mentalidad está cambiando, pero ellos suelen considerarse un pueblo homogéneo. Dicho esto, la expresión de la individualidad en la sociedad japonesa es notable. Los nipones han ideado una serie de pequeños trucos para conservarla sin dejar de tener una relación armoniosa con los demás.

Hay razones históricas para ello. En el período Edo, que comenzó en 1603, antes de la modernización de Japón con la restauración de Meiji en 1867, el shogunato de Tokugawa dictó una serie de normas para mantener la estabilidad social, como se creía apropiado en esos tiempos. Un problema frecuente era el lujo. A medida que la economía Edo crecía, algunos comerciantes ganaron mucho dinero y se convirtieron en grandes gastadores. Se consideró que esta exhibición de riqueza tenía un efecto corrosivo para la estabilidad social, porque ponía de manifiesto la diferencia cada vez mayor entre clases. El shogunato dictó, por lo tanto, una serie de órdenes ejecutivas prohibiendo el derroche. Los comerciantes ricos fingieron cumplir, ya que no se discutía con el shogún en esa época. Sin embargo, siguieron disfrutando de sus placeres en secreto. Uno de los trucos era utilizar costosas telas para el forro de la ropa, que por fuera seguía ofreciendo una apariencia modesta. La idea de no destacar ante los demás y hacer florecer la individualidad interior es una sabiduría que el pueblo de Japón ha alimentado a lo largo del tiempo y que podría ser utilizada en cualquier sociedad, sobre todo cuando el escrutinio social es un problema (basta con pensar en la presión de las redes sociales hoy en día).

La forma japonesa de mantener la individualidad guardando las apariencias tiene sus inconvenientes en el contexto moderno. Por ejemplo, dificulta que se gesten innovaciones en el país, ya que una personalidad díscola como la de Steve Jobs o la de Mark Zuckerberg no se tolera fácilmente. Las nuevas empresas como Uber o Airbnb, que chocan con las ya establecidas, tardan mucho en prosperar en Japón. La inhibición de la expresión de la singularidad individual ha ahogado el sistema educativo japonés, que tiende a promover la conformidad más que la diversidad entre los individuos.

Muchos japoneses prefieren buscar el ikigai de la individualidad en el ámbito privado, seguramente debido al clima social. Esta expresión oculta de la individualidad no es la única solución, pero sí una solución interesante, todo sea dicho.

A un observador, un empleado puede parecerle anodino. Sin embargo, dentro de su aburrido traje puede estar escondiendo una pasión por el *anime* o el *manga*. Los días laborables tal vez sea un dependiente de una empresa; por la noche y los fines de semana, tal vez una estrella en un *comiket* o cantante aficionado de una banda de rock.

La idea de que alguien aparentemente conformista pueda alimentar inadvertidas capas profundas de personalidad individual es liberadora. Además, el enfoque que cada uno haga de su vida puede ser realmente único. Hay que descubrir esa exclusividad de cada cual y trabajar en ella, no solo asumirla y conservarla.

Definir el ikigai de ser un individuo en armonía con la sociedad reduciría mucho el estrés de la competencia y la comparación. No hace falta tocar la trompeta para ser escuchado. Basta con susurrar, a veces con susurrarse a uno mismo.

Un famoso fabricante de tofu de un suburbio de Tokio, Takeru Yamashita, es en el fondo un filósofo. Habla de la diversidad del haba de soja, el único ingrediente importante del tofu, como si estuviera hablando de la individualidad del alma. «Es más Aristóteles que Platón», dice. También recita una obra de Shakespeare, para desconcierto del equipo de rodaje. Al parecer, una obra maestra de Shakespeare tiene tanto que ver con el arte de la fabricación de tofu como la selección de las habas. La manera idiosincrática de Yamashita de explicar su modo de fabricar queso de soja es algo con lo que uno topa bastante a menudo cuando se encuentra con alguien con un enfoque único del ikigai, especialmente en un país donde la expresión de la individualidad no suele adoptar una forma extravagante.

El ikigai y la felicidad provienen de la aceptación de uno mismo. Que otros te valoren es desde luego un plus. Sin embargo, también puede obstaculizar la aceptación del yo en un contexto equivocado. Como comenta Yamaguchi cuando se refiere a la elaboración de los dulces en Kioto, todo en la naturaleza es diferente. Nosotros los humanos también lo somos, cada uno de nosotros lo es.

¡Alegrémonos de ser quienes somos!

Tuve una vez el placer de charlar con los cómicos británicos Matt Lucas y David Walliams durante la gira promocional en Tokio de *Little Britain*. Durante nuestra conversación, Lucas me confió que solía reírse en la escuela. En un acto creativo de autodefensa, empezó a hacer reír a los demás para no reírse él. Walliams estuvo de acuerdo: dijo que la risa podía ser la mejor autodefensa.

Desde el punto de vista cognitivo, la risa es metacognición, un proceso apoyado por las áreas prefrontales de la corteza cerebral. En el proceso metacognitivo uno se ve como si se estuviera observando desde fuera. Haciendo eso, acepta sus propios defectos y complementa su conciencia con la fresca mirada del exterior.

Quizá tengamos miedo de enfrentarnos a nuestra verdadera imagen. En tal caso, una saludable dosis de risa respaldada por la metacognición del yo puede ayudarnos. Si la metacognición no nos alegra de inmediato, siempre será bueno que tengamos una imagen realista de nosotros mismos, aunque no sea favorable.

El mayor secreto del ikigai, en definitiva, es la aceptación de uno mismo, no importa con qué características únicas haya nacido uno. No hay un único buen ikigai. Cada uno tiene que buscar el suyo en el bosque de su individualidad. Pero no olvides reír mientras lo haces, hoy y todos los días.

CONCLUSIÓN

Busca el propio ikigai

Repasemos los Cinco Pilares del ikigai:

Pilar 1: Empezar con humildad.

Pilar 2: Renunciar al ego.

Pilar 3: Armonía y sostenibilidad.

Pilar 4: El placer de los detalles.

Pilar 5: Ser consciente del momento presente, del aquí y el ahora.

Tras haber leído el libro, ¿qué nos parecen estos pilares?

- ¿Tenemos algunas ideas para resolver los problemas de nuestra vida?
- ¿Nos sentimos más inclinados a probar cosas, paso a paso, sin esperar una recompensa inmediata?

- ¿Entendemos el vínculo crucial entre la armonía y la sostenibilidad?

- ¿Estamos menos preocupados por nuestras características particulares y somos más tolerantes con la idiosincrasia de los demás?

- ¿Es más probable que ahora seamos capaces de disfrutar de los detalles?

Espero que esta introducción al ikigai permita apreciar estos pilares con un renovado y más profundo sentido de su significado, que proporcione la visión que uno necesita para resolver sus problemas.

El ikigai es de origen japonés. Sin embargo, tiene consecuencias mucho más allá de ese país. No es que la cultura japonesa sea especial en este sentido. Es simplemente que la cultura y las tradiciones de Japón han alimentado el concepto del ikigai. De hecho, es muy posible que alguna de los miles de lenguas habladas en el mundo tenga un concepto parecido. Al fin y al cabo, todos los idiomas son igualmente el resultado de los esfuerzos arduos de sus hablantes para vivir y dejar vivir durante generaciones.

Hideo Kobayashi, un respetado crítico literario, dijo en una ocasión que quería vivir cuanto más mejor. Creía, por experiencia propia, que cada día más de vida podía llevarnos a hacer otro descubrimiento y a ser más sabios.

Según su antiguo editor, Masanobu Ikeda, Kobayashi hablaba a menudo del «motor universal» cuando buscaba una metáfora para describir lo que es importante en la vida. Cada embarcación tiene un motor universal, según Kobayashi. El motor universal no tiene mucha potencia, pero se puede confiar en él; en caso de emergencia o adversidad, el motor universal llevará la embarcación con seguridad a puerto.

El ikigai es como el motor universal de Kobayashi. Pase lo que pase, mientras tengamos nuestro ikigai superaremos los momentos difíciles. Siempre podremos regresar a nuestro refugio seguro desde donde recomenzar la aventura de la vida, una y otra vez.

Como hemos visto, el ikigai no se deriva de un sistema de valores determinado. No lo dicta un dios. Proviene de todo un espectro de pequeñas cosas, ninguna de las cuales sirve por sí misma a un propósito grandioso en la vida.

Los valores que rodean el ikigai y que habremos asimilado, espero, con la lectura de este libro, nos servirán de inspiración para probar cosas nuevas en nuestra vida y cambiarla paso a paso. Que sea un nuevo comienzo sin fanfarrias. Este cambio de conciencia será lento, no se producirá abruptamente. En la vida necesitamos evolución, no revolución. Demasiado a menudo, la ilusión de una revolución vital, de dejarse llevar por principios recién descubiertos, por nuevas maneras de pensar y de hacer y por la idea de comenzar una nueva vida ha llevado a la gente por el mal camino.

Puesto que el ikigai no hace sino reforzar la intuición que uno ya tiene, el cambio será gradual y modesto como la vida misma.